Finanzas para frikis

Finanzas para frikis

Gestiona tu dinero
como una estrella de Hollywood

Jordi Martínez Llorente

Plataforma
Editorial

Primera edición en esta colección: enero de 2018

Plataforma Editorial
c/ Muntaner, 269, entlo. 1ª – 08021 Barcelona
Tel.: (+34) 93 494 79 99 – Fax: (+34) 93 419 23 14
www.plataformaeditorial.com
info@plataformaeditorial.com

Depósito legal: B. 26.319-2017
ISBN: 978-84-17114-29-9
IBIC: VSB

Printed in Spain – Impreso en España

Realización de cubierta y fotocomposición:
Grafime

El papel que se ha utilizado para imprimir este libro proviene
de explotaciones forestales controladas, donde se respetan
los valores ecológicos, sociales y el desarrollo sostenible del bosque.

Impresión:
Romanyà Valls
Capellades (Barcelona)

A mis chicas de noviembre.

Índice

Prólogo

Ante todo, gracias a Jordi por sugerirme escribir este prólogo. He de confesar que este es uno de esos libros que hubiera deseado escribir y que, por falta de tiempo, planificación personal y sobre todo facultades, no he escrito ni escribiré. Al menos en este caso, puedo prologarlo y he podido contribuir en algo a su publicación. Esperemos que, a cambio, no perjudique a su muy merecida promoción y lectura.

Quizás debería disculparme: voy a evitar en este «prefacio» hacer muchas y variadas referencias cinematográficas y televisivas, como hace el autor con tanto acierto e interés a lo largo de los dieciséis capítulos del libro. Las mías serían en su mayoría tan antiguas que muchos lectores no las reconocerían en absoluto, pero sí quiero al menos citar una de ellas, porque muchos años después de su emisión todavía incomprensiblemente me viene a la memoria cuando debo iniciar un proyecto que conlleve algún esfuerzo, es decir, muy a menudo.

Jamás entendí por qué Darrin, el despistado marido de Samantha, la protagonista de la prehistórica serie *Embrujada*, se molestaba en ir, atribulado, a trabajar cada día cuando podía haber usado los poderes de su esposa para así poder holgazanear. Darrin se hubiera podido permitir no trabajar y ser un analfabeto financiero para gestionar las finanzas domésticas mientras Samantha moviera su pequeña nariz para realizar algún hechizo, pero ambos –sobre todo Darrin– habían decidido no recurrir a sus poderes mágicos para nada. Obviamente incomprensible cuando en mi infancia seguía la serie en nuestro vetusto televisor en blanco y negro.

Bien pensado, aceptar vivir en la fantasía *Embrujada* hubiera creado al bueno de Darrin algunos problemas importantes que he percibido solamente muchos años después, ya dedicado a temas financieros. En *Embrujada*, los brujos y las brujas tenían una gran longevidad, de centenares de años, según mencionaban en ciertos episodios, o quizás directamente inmortales. Para Darrin, entregarse a los beneficios inmediatos de la brujería hubiera representado probablemente hacerse responsable de asegurar a largo plazo una pensión a su casi segura viuda bruja durante una infinidad de años tras su propio fallecimiento de simple mortal. Es decir, se vería obligado a acumular un capital enorme con capacidad para generar rentas suficientes para Samantha en su futura interminable vida de viuda, quién sabe si en algún *spin-off* de la serie. Es decir, una complicación descomunal que seguramente Darrin tenía presente cuando alegaba querer formar «un matrimonio normal». Afortunadamente, ni la serie se prolongó para saber si pasados los años se iba a dar cuenta de que el problema de las pensiones requería algún toque mágico, ni existió dicho *spin-off* para comprobarlo, ni Samantha se decidió, salvo en determinadas ocasiones, a utilizar sus poderes indiscriminadamente para salvar de algún apuro a Darrin en su duro trabajo diario en la agencia de publicidad de su jefe Larry.

A todos nosotros, al igual que al esposo de Samantha, nadie nos va a librar (bien, quizás a algunos sí) de pelear duro en el trabajo para garantizarnos el mejor bienestar presente y futuro posible, eso sí, acotando los años que prevemos vivir de los ahorros con los adecuados cálculos actuariales. Para ello, se necesita el esfuerzo mencionado, pero también tomar correctas decisiones financieras personales.

Y aquí, ¡por fin!, llegamos al *leitmotiv* del libro, que no es otro que la educación o alfabetización financiera que todos (los humanos mortales, ¡claro!) necesitamos para la toma de las decisiones adecuadas para garantizar nuestro futuro y el de nuestra familia. Queda ya poca gente que no aprecie –quizás tan solo algún radical antisistema y algún inconsciente– la necesidad de disponer de una cierta capacitación en finanzas personales para reducir la probabilidad de equivocarnos al decidir sobre nuestra economía personal y doméstica, para gestionar mejor nuestro presupuesto familiar y con él nuestras posibilidades de ahorrar, invertir y, sobre todo, para evitar el sobreendeudamiento y las consecuencias de una bancarrota personal.

Jordi Martínez lleva ya tiempo dirigiendo, entre otros, el programa más ambicioso en educación financiera que se lleva a cabo en Cataluña, y quizás en España: EFEC (Educación Financiera en las Escuelas de Cataluña). Anualmente, bajo este programa público-privado que dirige IEF, cerca de 1.000 voluntarios imparten talleres de educación financiera en más de 300 escuelas e institutos para unos 15.000 alumnos de 4º de ESO. De la misma forma, bajo otros programas también coordinados por el autor, miles de otros jóvenes de otras partes de España, y adultos, tanto profesionales y empleados como de colectivos en dificultades, obtienen un apoyo efectivo para su presente y futuro. A través de estos programas, Jordi ha visto la importancia que tiene que los procesos educativos sean atractivos, que capten la atención y que los ejemplos sean asequibles y próximos. Pues bien, ha aplicado este criterio en este libro, que es también en sí mismo una acción pedagógica envuelta de unos textos entretenidos y vividos a través de personajes cinematográficos y televisivos que van sugiriendo conceptos esenciales para nuestra culturización financiera. Las ideas se exponen de forma muy amena, lo que no quita que sean enormemente importantes para nuestra calidad de vida. El fomento de estos conceptos ayuda a limitar lo que en los Estados Unidos denominan «fragilidad financiera»,[1] aquella situación en la que una persona, ante un suceso inesperado o un accidente, no pueda conseguir 2.000 dólares en el mes siguiente para sobreponerse a esta contingencia. La fragilidad financiera será, pues, el no poder reaccionar financieramente ni con sus recursos, ni con prestaciones ni con recursos prestados u ofrecidos por personas o

1. Lusardi, Annamaria, *Household Financial Fragility: evidence and implications,* GFLEC (Global Financial Literacy Excellence Center), 2016.

entidades, conocidas o no, a dicha eventualidad y que tiene, según una amplia encuesta,[2] una alta correlación con ser un *millennial* (18-35 años), pertenecer a determinadas minorías y, especialmente, a estratos sociales con una baja alfabetización, educación o capacitación financiera. Así, con mayor educación financiera, se contribuye (no es un factor suficiente, pero sí muy relevante) a reducir la fragilidad financiera, con lo que quizás deberíamos concluir que empoderar a la ciudadanía con competencias financieras personales, es decir, dotarla de mayor resistencia y capacidad de adaptación, debería ser una política pública prioritaria.

Por supuesto, los conceptos tratados en el libro no son –ni lo pretenden– suficientes para solventar todos los problemas, pero pueden ser un excelente primer paso y un incentivo para cambiar de actitud, sobre todo si además el lector entiende la importancia de cuidar y dedicar tiempo a proteger sus finanzas personales y familiares. Nosotros estamos convencidos de ello y estamos dedicando esfuerzos desde hace ya bastantes años a que así se entienda. El libro de Jordi va a conseguir entretenerles y quizás también les incite a comprar o alquilar alguno de los films para revisarlo o disfrutarlo por primera vez. A mí ya me ha pasado.

JOSEP SOLER ALBERTÍ,
director general de IEF
(Instituto de Estudios Financieros)

2. Lusardi, Annamaria; Schneider, Daniel, y Tufano, Peter, *Financially Fragile Households: Evidence and Implications*, BPEA, Brookings, 2011.

Introducción

Me he pasado los últimos años intentado transmitir la importancia de tener conocimientos y habilidades para poder tomar las mejores decisiones financieras. Cada día tomamos decisiones personales que acostumbran a ir ligadas a una decisión financiera. Pero ya sea por la merecida fama del sector financiero, por la falta de educación financiera en las escuelas cuando éramos pequeños o por el falso mito de que las finanzas son difíciles y un mundo reservado para los expertos, la sociedad en general, y los de mi generación en particular, nos preocupamos poco por nuestra economía personal.

Un par de ejemplos. Cuando vamos a comprarnos una cámara de fotos, buceamos por la red, preguntamos a los amigos, estudiamos catálogos, aprendemos abreviaturas y palabrejas como *raw*, píxeles, JPG, etcétera. Llegamos a la tienda sabiendo más que el propio vendedor.

En cambio, cuando vamos, por ejemplo, a invertir unos ahorros, optamos por no informarnos, no comparar ni aprender el lenguaje financiero básico; directamente contratamos lo que nos ofrece aquel comercial tan simpático de nuestra sucursal bancaria, aun sabiendo que nos ofrece el producto que le han dicho que toca vender esa semana y que muchas veces no es el que más nos conviene a nosotros.

Otro ejemplo: un amigo mío me contó que se había comprado un coche; a mí los coches no me gustan mucho, vaya, que no me interesan lo más mínimo, pero lo escuché atentamente cuando me hablaba de caballos, cilindrada, ABS, EPS, que si gasolina mejor que diésel y que vaya ofertón ha pillado después de ir a cuatro concesionarios... Cuando acabó le pregunté: «¿Y cómo lo has pagado?», esperando que lo hubiera analizado un poco. «Me lo ha financiado el concesionario», me respondió; cuando le pregunté a qué tipo de interés o qué comisiones llevaba no supo responderme. Ni siquiera me preguntó a mí, que soy su amigo y me gustan más las finanzas que los coches, si era una buena financiación ni se le pasó por la cabeza pasar a preguntar al comercial simpático de su sucursal bancaria.

Estas situaciones me hicieron pensar cómo podía llegar a estos amigos que, al igual que yo, forman parte de una generación que ha crecido con las películas de Spielberg, vio nacer a *Los Simpson* o espera impaciente cada nuevo capítulo de la saga de *Star Wars.* Fue muy fácil empezar, al hacerlo vi que si le daba un enfoque más generalista, incluso podría ser interesante para gente más joven o más mayor que yo. La respuesta a esta inquietud es este pequeño libro que pretende hacer reflexionar sobre conceptos básicos de nuestras finanzas personales, a veces a través de personajes icónicos de la gran pantalla, otras de la mano de personajes de series que forman parte de nuestras vidas y otras veces, simplemente, con ejemplos que nos sean fáciles de recordar.

Espero que lo disfrutes.

1.
El presupuesto de Clark Kent

Hacer un presupuesto personal es el primer paso para introducirse en el mundo de las finanzas personales. Nos permite tomar conciencia de nuestras fuentes de ingresos y de nuestros gastos, conocer por dónde se nos va el dinero y a partir de ahí poder tomar decisiones. El solo hecho de empezar a hacer un presupuesto personal hará que nuestras finanzas mejoren, pues reflexionaremos sobre aquello que gastamos, por pequeño que sea, algo a lo que hasta ahora no dábamos importancia.

Para aprender a hacer un presupuesto vamos a fijarnos en el caso de Clark Kent, quien, aparte de calzones rojos, parece ser que tenía la cuenta con números de ese mismo color.

Clark Kent, periodista del *Daily Planet*, vive en la ciudad de Metrópolis. Tiene 30 años y paga religiosamente el alquiler de un pequeño apartamento cerca del trabajo. Bill Lucas, su asesor financiero, un empleado del Metropolitan Bank, sospecha que lleva una doble vida, pues es bastante habitual que acabe el mes en números rojos pese a tener un buen salario.

Bill ha decidido hablar con él, ha quedado con Clark a las 12.30 en un bar que hay delante de las oficinas del Metropolitan Bank. A las 12.40 Clark todavía no ha aparecido, Bill se distrae viendo el televisor del bar, pues, en el canal Metro4, dan en directo una persecución: un taxi huye de dos coches de policía. Por lo que puede escuchar, parece ser que ha habido un atraco en una joyería del centro y el atracador, pistola en mano, ha robado el taxi. Las imágenes llegan entrecortadas y son de baja calidad: están emitiendo desde un helicóptero. El taxi se salta un semáforo en rojo, y otro, y van tres cuando vemos a un chaval cruzando el cuarto, ¡oh!, Dios mío, lo va a atropellar... Justo en ese instante el niño desaparece. ¿Qué ha sido eso?, la cámara hace un *zoom*, se acerca a la acera, ¡es Superman! Deja al niño en el suelo y emprende el vuelo. La cámara del helicóptero busca de nuevo al taxi, vemos primero a los coches de policía, luego consigue encuadrar al taxi, que frena bruscamente y queda a centímetros de un hombre vestido de azul y con capa roja. Superman saca al delincuente del taxi y lo entrega a la policía ante los vítores de los transeúntes.

A las 12.50 Clark Kent entra en el bar en medio del estruendo todavía de aplausos, manos en la cabeza y vivas y brindis por Superman. Bill le dice que llega tarde y que se ha perdido una escena de película.

Los dos piden una ensalada y una hamburguesa. Bill le dice a Clark que le ha llegado la nómina, pero que ha estado seis días con 200 dólares en números rojos y que debería empezar a pensar en ahorrar. Bill, que es muy directo, sin miramientos le pregunta a Clark si tiene algún problema de drogas o de juego, porque no se explica cómo se funde 3.000 dólares de forma tan rápida. Clark, ya bastante tímido habitualmente, se siente abrumado al oír hablar de drogas o de juego, niega tener ningún problema y lo achaca a los precios de vivir en Metrópolis. Bill le pregunta cuándo fue la última vez que hizo un presupuesto personal, y Clark le responde que no lo ha hecho nunca, que no sabe cómo se hace. Bill se sorprende y con cara de pocos amigos le pide a Clark que, para empezar, guarde los *tickets* de todo lo que gaste durante el mes que empieza hoy y los anote en una hoja de cálculo o en una libreta. Luego le pide que se vean en ese mismo bar el último día de mes. Llega la camarera con el recibo; son 32 dólares con propina incluida. Clark deja 35 dólares en la mesa y se levanta, saluda a Bill y cuando está a punto de irse, este lo agarra de un brazo y le dice: «Acabas de hacer tres cosas mal para alguien que no llega a final de mes: primero, has pagado mi comida; segundo, has dejado propina cuando ya estaba incluida, y, tercero, te vas sin recoger el maldito recibo».

Durante todo el mes, cada noche, Clark, cuando llega a casa, saca los *tickets* de su cartera y los anota en una hoja de cálculo, hace lo mismo con las facturas del alquiler, suministros, móvil, etc. Al principio le supone una ardua tarea; a medida que van pasando los días le parece mucho más sencillo, hasta que adquiere el hábito de hacerlo casi automáticamente.

Hoy está contento, mañana acaba el mes y parece que le va a sobrar algo. Solo el hecho de hacer el ejercicio de anotar lo que gasta le hace reflexionar sobre ello y, en consecuencia, acaba gastando menos; también es más consciente de que parte del dinero se va en cosas pequeñas a las que casi no daba importancia, como, por ejemplo, el café o los chicles. Las camareras de Metrópolis no estarán tan contentas este mes, y los colegas gorrones de la oficina tampoco.

Recibe un mensaje en su Telegram; es Bill Lucas, que le recuerda que mañana han quedado a las 12.30 y le manda un GIF gracioso que Clark no logra interpretar. Clark le contesta con un *sticker* del *quarterback* estrella del Metrópolis Meteors levantando el dedo pulgar en señal de afirmación.

Antes de acostarse, repasa los gastos que ha tenido este mes:

Concepto	Importe
Comida	350
Bares y restaurantes	250
Alquiler	1.300
Ropa	70
Entradas Metrópolis Meteors	110
Frankfurt y cerveza estadio	22
Luz	75
Gas	60
Agua	55
Internet	60
Móvil	40
Metro	45
Taxis	85
Cine	40
Netflix	10
Seguro médico	60
Salir con Lois	60
Comisión descubierto	30
Tela	40
TOTAL	2.762

Parece que le cuadra, pues empezó el mes con 2.800 dólares (3.000 de la nómina menos 200 del descubierto) y tiene en la cuenta 38 dólares (los 2.800 con los que empezó el mes menos los 2.762 que se ha gastado).

Antes de acostarse le manda un mensaje a su novia, Lois Lane, por WhatsApp (todavía no ha conseguido que se instale el Telegram, ella no se fía de un programa de mensajería instantánea ruso). Le dice que va acabar el mes en positivo. Lois le responde con unos emoticonos de besos y corazones. Está orgullosa de él, pero en el fondo hubiera preferido reducir los gastos pagando un alquiler a medias.

A las 12.30 del último día de mes, Bill y Clark se encuentran en la puerta del bar, esta vez puntuales, y piden lo mismo que la última vez. «Hoy invitas tú», le suelta Clark a Bill. «Aprendes rápido», le contesta su asesor.

Bill le pide a Clark si ha hecho los deberes, este le responde que sí y saca una carpeta con todos los *tickets* y su portátil. Abre la hoja de cálculo que estuvo repasando la noche anterior.

Bill Lucas le explica a Clark que un presupuesto se basa en sumar ingresos y restar gastos; si da positivo, tenemos superávit y nos permitirá ahorrar; si da negativo, tendremos déficit, lo que puede llevarnos a entrar en una espiral de endeudamiento. Clark dice que él no se ha endeudado nunca, a lo que Bill le responde que es mentira, que se endeuda cada mes, pues el descubierto en cuenta es una de las formas de endeudarse, muy cara, por cierto. No siempre que uno se endeuda lo hace delante de un notario o firmando un contrato;

quedarse en descubierto o pagar una cena con la tarjeta de crédito es también endeudarse.

Los ingresos, en el caso de Clark, son muy claros y estables, ya que trabaja por cuenta ajena y recibe 3.000 dólares por su labor en el *Daily Planet*. Por otro lado, los gastos sumados suben a 2.762 dólares, lo que da un superávit de 238 dólares.

Bill le explica que los gastos debemos dividirlos en tres categorías: los fijos, los variables y los discrecionales.

Los gastos fijos son aquellos que no podemos dejar de hacer, sabemos cuándo hay que hacerlos y de qué importe son. En este grupo se incluyen el alquiler o la hipoteca, los derivados del transporte, los seguros, los impuestos o los gastos de financiación.

Los gastos variables son los que también debemos hacer, pero que tanto el importe como la periodicidad pueden variar. Por ejemplo, los suministros (agua, gas y luz) son gastos variables porque los puedo reducir o incrementar según su uso. La comida también es un gasto variable, dado que puedo comprar en un sitio más caro o en uno más barato, de una calidad superior o de otra inferior, etcétera.

Los gastos discrecionales son aquellos que de una forma u otra tienen que ver con el ocio. Por ejemplo, salir con los amigos, ir al estadio, viajar, etcétera. Hay algún gasto que sería discutible, algunos lo considerarían variable y otros, en cambio, discrecional, como, por ejemplo, el gimnasio: unos lo consideran un gasto variable, pues para ellos es necesario, y, en cambio, para otros es ocio, pues puedes salir a correr, en el caso de Clark Kent por Central Park.

Clark toma nota de todo lo que le va diciendo Bill y cuando acaba le pregunta para qué sirve clasificar los gastos. Bill le responde que sirve para poder tomar decisiones: «Es decir, una vez ordenados, te permitirá saber cuáles puedes reducir; empezarás siempre por los de más abajo, es decir, por los discrecionales». Mientras sigue hablando, Clark va ordenando su hoja de cálculo hasta que tiene este aspecto:

Ingresos	Importe
Nómina	3.000
Gastos fijos	**Importe**
Alquiler	1.300
Metro	45
Seguro médico	60
Comisión descubierto	30
Tela	40
Subtotal	**1.475**
Gastos variables	**Importe**
Comida	350
Ropa	70
Luz	75
Gas	60
Agua	55
Internet	60
Móvil	40
Subtotal	**710**
Gastos discrecionales	**Importe**
Bares y restaurantes	250
Entradas Metrópolis Meteors	110
Frankfurt y cerveza estadio	22
Taxis	85
Cine	40
Netflix	10
Salir con Lois	60
Subtotal	**577**
TOTAL	**2.762**

Ingresos menos gastos: 238 dólares de superávit, aunque hay que restarle los 200 dólares del descubierto que debía del mes anterior.

Bill comprueba las tablas y le comenta que, de entrada, en los gastos fijos está de suerte, pues la comisión de descubierto no la pagará este mes. Y la borra. Eso hará crecer el superávit. Le pregunta por los 40 dólares de tela; Clark se sonroja, es la tela de sus trajes de superhéroe, así que miente y le cuenta una rocambolesca historia sobre unas telas para hacer *patchwork* que compra en Elsa Labors y que manda a su tía todos los meses. Bill sospecha que esos 40 dólares deben ser para somníferos u otras sustancias, y le pide que lo ponga como gasto discrecional. Le quita el ordenador y escribe como gasto fijo «Ahorro: 300 dólares». Clark se sorprende y le discute que el ahorro sea un gasto y pone en duda que pueda cuadrar el presupuesto con este gasto. Bill le responde que pagarse a sí mismo es un gasto fijo, y es lo primero que va a hacer todos los meses: separar 300 dólares y ponerlos en otra cuenta.

Bill aprueba los gastos variables. En cambio, sobre los discrecionales, le pregunta qué incluye en bares y restaurantes. Clark le dice que incluye comidas de días laborables y algunas salidas. Bill le pregunta si podría comer en la oficina. Clark asiente. «¿Cuántos dólares puedes ahorrar aquí y cuántos incrementarás en comidas en gastos variables?». Clark dice que reducirá 150 dólares del epígrafe de gastos discrecionales «Bares y restaurantes» incrementando 50 dólares del epígrafe de gastos variables «Comida». Cuando le insinúa reducir sus salidas al estadio, Clark niega rotundamente. Sobre los taxis, reconoce que desde que instaló la aplicación de MyTaxi gasta más, y promete bajar el gasto a 50 dólares mensuales. Bill, que también es el asesor financiero de Lois, le pide a Clark que haga el favor de subir los gastos destinados a salir con ella al menos a 100 dólares, que es lo que ella gasta en salir con él. Clark obedece.

Después de estos retoques, el presupuesto queda así:

Ingresos	Importe
Nómina	3.000
Gastos fijos	**Importe**
Alquiler	1.300
Metro	45
Seguro médico	60
Comisión descubierto	0
Ahorro	300
Subtotal	**1.705**
Gastos variables	**Importe**
Comida	400
Ropa	70
Luz	75
Gas	60
Agua	55
Internet	60
Móvil	40
Subtotal	**760**
Gastos discrecionales	**Importe**
Bares y restaurantes	100
Entradas Metrópolis Meteors	110
Frankfurt y cerveza estadio	22
Taxis	50
Cine	40
Netflix	10
Salir con Lois	100
Tela	40
Subtotal	**472**
TOTAL	**2.937**

Al verlo, Clark dice: «Ahora gasto más que antes, ¡he pasado de 2.762 a 2.937!». Bill le dice que se olvida de una cosa: «Ahora ahorras 300 dólares al mes y te sobran 63 en la cuenta –y añade–: Creo que hoy vuelves a invitar tú».

Tengamos en cuenta que es un presupuesto para una persona que vive en Metrópolis; seguramente en muchas otras ciudades se puede vivir con menos, y, por ejemplo, en casi todos los países de Europa, gracias a la sanidad pública de calidad, no es necesario hacerse un seguro médico.

También debemos tener en cuenta que hay muchas personas sin ingresos o con ingresos muy escasos que lamentablemente no pueden ahorrar y que ellos sí podrían enseñarnos, más que nadie, a elaborar un presupuesto o, al menos, a cumplirlo con mucho esfuerzo.

Seguramente si el presupuesto de Clark Kent se lo hiciéramos nosotros, sería algo distinto al que le ha hecho Bill; de entrada, ¿para qué gastarse 45 dólares en metro y 50 en taxis si uno puede ir volando? Por otro lado, Bill le ha hablado solo de reducir gastos, pero otra forma de mejorar un presupuesto es incrementar los ingresos. Desde pedirle un aumento de suelo a tu jefe hasta buscar cómo generar ingresos pasivos, de los que hablaremos en otro capítulo. Se me ocurren mil maneras en las que Superman podría incrementar sus ingresos, ¿a ti no?

2.
El fondo de emergencia de Carl y Ellie

Una vez que hemos aprendido a hacer un presupuesto y hemos tomado medidas para generar superávit, nuestro objetivo es el ahorro: ahorrar para poder ir a Nueva Zelanda a visitar la Tierra Media en nuestra vejez, ahorrar para llevar a nuestros nietos al estreno del episodio XVI de *La guerra de las Galaxias*, ahorrar para sacarnos de una vez por todas el carnet de conducir y comprarnos un DeLorean o ahorrar para algo más mundano como tener un complemento de nuestra pensión o hacer un viaje con nuestros hijos cuando cumplamos los 50, los 60 o los 70.

En resumen, ahorrar para llevar a cabo nuestros objetivos vitales es una buena idea, pero antes hay que crear un fondo de emergencia.

El fondo de emergencia es una cantidad de dinero ahorrada que tiene dos funciones: por un lado, ayudarnos con los imprevistos más cotidianos y, por otro, hacer frente a problemas más graves, como tener que pedir una reducción de jornada para atender a un enfermo o ver disminuir nuestros ingresos al perder el trabajo. Esta cantidad la debemos tener disponible, ya que los imprevistos, como su nombre indica, tienen la mala costumbre de presentarse sin avisar.

Es muy habitual sufrir imprevistos: se estropea la nevera, nos roban el coche, podemos perder el trabajo... Los ejemplos no acabarían nunca y todas estas situaciones llevan consigo unos gastos no previstos o una reducción de ingresos.

Para ilustrar el fondo de emergencia tomaremos el ejemplo de Carl y Ellie, los protagonistas de la película de Pixar *Up*, una de las mejores películas de animación de lo que llevamos de siglo.

Si te acuerdas, Carl es un niño bastante introvertido y admirador del explorador Charles F. Muntz Jr., las hazañas del cual son proyectadas en el cine antes de las películas a modo de noticia, como se hacía antes de que se popularizara el televisor. En una de estas proyecciones, se acusa a Muntz de hacer un montaje sobre unos restos encontrados de un ave gigante que él aseguraba haber descubierto en las cataratas del Paraíso. La supuesta mentira afecta a nuestro pequeño Carl.

Poco después, Carl conoce a Ellie; ella es extrovertida y muy distinta a él, pero también es admiradora de Muntz. Ellie tiene un sueño: trasladar el Spirit of Adventure, su asociación de aventureros, de la casa abandonada que ocupa a las cataratas del Paraíso, y Carl decide ayudarla. La pareja va creciendo, se enamora y se casan, él vende globos y ella trabaja en el zoo. Viven en la casa que fue el Spirit of Adventure y quieren tener hijos, hasta que descubren que no pueden. En ese momento intensifican su deseo de ir a las cataratas del Paraíso. Empiezan a ahorrar para su objetivo guardando el dinero en una botella de cristal que utilizan de hucha. Esta se va llenando de monedas, pero los imprevistos hacen que deban romperla y gastar lo ahorrado para, entre otras cosas, reparar un pinchazo, pagar un hospital o arreglar el tejado de su casa.

Carl y Ellie envejecen juntos hasta que ella enferma y acaba muriendo, habiendo tenido una vida feliz al lado de su marido, pero sin haber hecho realidad su sueño de viajar a las cataratas del Paraíso.

Todo esto ocurre en los primeros ocho minutos de película, en los que, a no ser que seas un insensible, habrás terminado llorando, por el excelente relato, las increíbles imágenes a las que nos tiene acostumbrados Pixar y, cómo no, por la música de Michael Giacchino.

Una vez que te hayas secado las lágrimas, voy a desvelarte por qué Carl y Ellie no consiguen hacer su viaje. La respuesta es muy sencilla: no hicieron su fondo de emergencia.

Si Carl y Ellie hubieran hecho como Clark Kent, tendrían su presupuesto familiar y habrían destinado el 10 % de sus ingresos al ahorro, y habrían podido empezar creando ese fondo de emergencia del que hemos hablado al principio del capítulo, lo que les hubiera permitido hacer frente a los imprevistos.

Tu fondo de emergencia debería servir para que pudieras afrontar, como mínimo, entre 3 y 6 meses de tus gastos. O sea, el dinero suficiente para poder pagar vivienda, suministros, comida y el resto de gastos necesarios durante ese periodo de tiempo.

Guarda en tu fondo de emergencia la cantidad con la que te sientas confortable; una manera de encontrar esta cantidad sería responder a estas preguntas: en el caso de perder hoy tu trabajo, ¿cuánto tiempo crees que tardarás en encontrar uno nuevo? ¿Hasta cuándo cubriría tus gastos la prestación del paro?

Vamos a calcular el fondo de emergencia de Carl y Ellie. Sus gastos son los siguientes:

Gastos fijos	Importe
Hipoteca	600
Gasolina	150
Seguro médico	0
Seguro del hogar	0
Subtotal	**750**
Gastos variables	**Importe**
Comida	400
Ropa	110
Luz	50
Gas	40
Agua	55
Subtotal	**655**
Gastos discrecionales	**Importe**
Bares y restaurantes	250
Cine	80
Peluquería	40
Subtotal	**370**
TOTAL	**1.775**

Hemos deducido que no tienen seguro de salud ni del hogar porque en la película vimos que gastaban el dinero que guardaban para el viaje para pagar el hospital cuando Carl se rompió una pierna y para pagar el tejado de su casa (cuando se estropea durante una tormenta).

Por otro lado, en el caso de que se quedaran sin ingresos, probablemente renunciarían a sus gastos discrecionales, por lo que sus gastos necesarios serían 750 + 655 dólares, es decir, 1.405 dólares cada mes. Pongamos que en el caso de quedarse sin trabajo estiman que tardarían 6 meses en encontrar uno nuevo, entonces su fondo de emergencia debería ser de 8.430 dólares (1.405 x 6).

Una vez que hayas ahorrado esta cantidad, sería recomendable tenerla disponible; así, en el caso de tener que usarla, no deberás hacer frente a penalizaciones por rescate y evitaras las posibles rentabilidades negativas en el caso de inversiones no garantizadas.

Una vez completado tu fondo de emergencia, podrás empezar a ahorrar o a invertir para otros objetivos. No dejes que te pase como a Carl y Ellie, y si dejas que te pase, que sea porque tú lo has decidido.

Para terminar con el fondo de emergencia, hay que añadir que cada vez que debas echar mano de él, tu objetivo deberá ser volver a construirlo; es la forma de estar protegido ante nuevos imprevistos. Protege tus sueños.

3. Los maestros del cine y los seguros

Algunos de los imprevistos que sufrieron Carl y Ellie podrían haber sido cubiertos a través de seguros. Es una decisión personal valorar si nos conviene más hacer un seguro o ahorrarnos la prima. Por otro lado, en Europa tenemos la suerte de que el estado del bienestar cubre las contingencias de paro y de salud.

Si vamos a ver la ley, el contrato de seguro es aquel por el que el asegurador se obliga, mediante el cobro de una prima y para el caso de que se produzca el evento cuyo riesgo es objeto de cobertura a indemnizar, dentro de los límites pactados, el daño producido al asegurado o a satisfacer un capital, una renta u otras prestaciones convenidas.

Vamos a traducirlo: lo que la ley dice es que puedes asegurar cualquier cosa pagando un importe y que la compañía de seguros te cubrirá los daños de la forma que hayáis pactado.

Los seguros más conocidos son el del hogar y el del coche, dado que el primero es obligatorio cuando tienes una hipoteca y el segundo es siempre obligatorio cuando tienes un vehículo. Cuando digo que el de hogar es obligatorio en caso de hipoteca, no estoy diciendo que sea obligatorio contratarlo con la misma entidad donde tengas contratada la hipoteca: conviene comparar y elegir el seguro con mejores coberturas y una prima más económica.

Otro bastante conocido es el seguro de vida: pagas una prima y en el caso de que fallezcas (puedes incluir en la póliza el caso de que te quedes inválido), las personas que tú designes, que son los beneficiarios, quedarán cubiertos, es decir, recibirán una indemnización. Este tipo de seguro puede tener sentido, por ejemplo, cuando tienes una deuda, como podría ser una hipoteca; si un día tú faltas, tu pareja y tus hijos agradecerán que, dentro de la pérdida, al menos puedan seguir viviendo en su casa. También puede ser interesante si los ingresos de una familia dependen en gran parte de uno de sus miembros; tener la tranquilidad de que si a este le ocurre algo que le impida trabajar los ingresos no se verán mermados de golpe, puede ser de gran ayuda.

Si ya lo tienes contratado o estás pensando en contratarlo, te aconsejo que no veas el clásico de Alfred Hitchcock *Sospecha*, de 1941. En esta película, Joan Fontaine se enamora de Cary Grant, se casan y poco a poco va descubriendo que su marido es bastante aficionado al juego y empieza a sospechar que quiere matarla para cobrar un seguro de vida y poder pagar las deudas acumuladas. Joan Fontaine ganó el Óscar por esta película. No te cuento cómo acaba, pero sí que voy a decirte que a Hitchcock el final se lo impusieron, y no le gustó nada. Luego seguiremos hablando del tío Alfred.

Otro de los grandes que también deberás evitar si estás pensando en contratar un seguro de vida es Billy Wilder. Tres años después de que Hitchcock rodara *Sospecha*, se puso tras la cámara para rodar *Perdición*. En este peliculón, Fred MacMurray interpreta a un agente de seguros que, junto a Barbara Stanwyck, en el papel de cliente, trata de asesinar al marido de esta para cobrar el seguro. Todo parece ir sobre la marcha hasta que aparece Edward G. Robinson. Basta de *spoilers*, aunque también del tío Billy hablaremos más tarde.

Si todavía estás pensando en contratar el seguro, ten cuidado con los agentes de seguros; si nos basamos en el cine, los hay de muy raros. Por ejemplo, una de las peores cosas que le pasa a Bill Murray en *Atrapado en el tiempo* es encontrarse a aquel excompañero de colegio y ahora vendedor de seguros que se lleva un buen guantazo de un malhumorado Phil. Volveremos a hablar del bueno de Bill Murray en el capítulo sobre finanzas socialmente responsables.

Otro empleado en una compañía de seguros es Jim Carrey. ¿Quién le compraría un seguro a Jim Carrey?, probablemente nadie; en cambio, a Truman, de *El Show de Truman*, quizás sí que le dejaríamos que nos vendiera lo que quisiera.

Otro célebre empleado de agencia de seguros, en este caso investigador, es Woody Allen en *La maldición del escorpión de jade*, de 2001. En un espectáculo de ilusionismo es hipnotizado junto a Helen Hunt, y desde ese momento se producen robos en la agencia de seguros en la que trabaja.

Tampoco hay que perderse a Faye Dunaway como investigadora de una compañía de seguros intentando resolver el caso del robo perpetrado por Steve McQueen en el papel de Thomas Crown en *El caso de Thomas Crown*, de 1968.

Existen muchos más tipos de seguro: los de salud, por ejemplo, que en países como España son menos necesarios por la excelente cobertura pública que tenemos, o los seguros a terceros, obligatorios en algunos estados, como Países Bajos, y que cubren el daño que puedas hacer a terceras personas, o los seguros de viajes, con distintas modalidades, como las de poder anular el viaje, que te paguen si pierdes las maletas o que te repatrien si estás enfermo. Debes saber que muchas tarjetas de crédito incluyen un seguro de viaje si haces el pago de los billetes con ella. Yo, personalmente, solo uso la tarjeta de crédito para pagar billetes de transporte. Ya estaba convencido de ello, pero vi en *Lo imposible*, de Juan Antonio Bayona, en 2012, cómo los protagonistas salen del hospital y vuelan a Singapur en un avión que puso a su disposición la compañía de seguros, y ahora todavía estoy más convencido.

Para terminar con los seguros, te debía dos ejemplos más de Hitchcock y Wilder. En el primero, la genial *Atrapa a un ladrón*, de 1955, Cary Grant utiliza todo su encanto para convencer a un empleado de una aseguradora de que él no solo no es el responsable de un robo, sino que va ayudarlo a atrapar al ladrón. Y en el segundo, lo reconozco, pillado por los pelos, *El apartamento*, de 1960, nos ofrece un plano brutal de la compañía de seguros en la que trabaja Jack Lemmon, con centenares de trabajadores laborando en sus escritorios.

Unos sencillos consejos: cuando vayas a contratar un seguro, lee bien el clausulado. Lo sé, es largo y aburrido, pero es importante conocer bien qué coberturas vamos a contratar para evitar decepciones posteriores. También debemos confirmar que no estamos sobreasegurando, por ejemplo, si aseguramos algo por encima del valor que tiene, nos van a indemnizar por el valor real, o sea, que solo habremos conseguido pagar una prima más alta. Ni tampoco debemos infraasegurar: pagarás menos prima, pero no recibirás el importe del valor de lo que has asegurado.

Así que antes de firmar nada míralo bien, pide una segunda opinión y decide conscientemente. Esto no nos lo enseñan en las películas, pero nos evitará sorpresas en el momento en que se produzca un siniestro.

Utilizar los seguros te puede permitir cubrir situaciones que son poco probables, pero que si al final suceden, tienen graves efectos y afectan mucho a tu vida.

4.
Las deudas de Homer Simpson

En el primer capítulo hemos visto que tener un presupuesto nos va a servir para ser capaces de conocer en qué gastamos nuestro dinero, poder reconducir situaciones, empezar a ahorrar para construir, de entrada, nuestro fondo de emergencia y evitar tener que pedir un préstamo en caso de imprevistos.

Pese a eso, puede ser que un día queramos o necesitemos endeudarnos. Antes de tomar la decisión de endeudarse, es bueno que nos hagamos algunas preguntas de este estilo:

- ¿Voy a endeudarme por un capricho o por una necesidad?
- ¿Realmente necesito lo que voy a comprar?
- ¿Dentro de una semana voy a seguir queriendo hacer este gasto?
- ¿Qué pros y contras tendría esperar a tener el dinero ahorrado?
- ¿Endeudarse por este motivo me permitirá ahorrar o ingresar más?

Vamos a ver dos ejemplos en los que Homer Simpson se endeudó. Evidentemente, sabemos antes de empezar que lo hizo mal, si no, no sería Homer Simpson.

En el capítulo «Sin crédito de nuevo, naturalmente», la familia Simpson invita a media ciudad a una fiesta de Mardi Gras, que podríamos mal traducir como Martes de Carnaval, fiesta de origen francés que se celebra, sobre todo, en Nueva Orleans. Al día siguiente, mientras recogen los estragos, Lenny pregunta cómo lo hicieron para poder pagar semejante fiesta, a lo que Homer responde que lo consiguieron ampliando la hipoteca de la casa. Al poco tiempo reciben el recibo de la hipoteca, que se ve incrementado drásticamente por la disposición. Marge y él intentan negociar con el creditor, pero no pueden evitar que la casa salga a subasta y acabe en manos del bondadoso Ned Flanders.

Si hiciéramos responder las preguntas que hemos hecho antes a Homer, y sobre todo a Marge, que parece más sensata, las respuestas habrían sido bastante evidentes.

- ¿Voy a endeudarme por un capricho o por una necesidad? **Por un capricho.**
- ¿Realmente necesito lo que voy a comprar? **No.**
- ¿Dentro de una semana voy a seguir queriendo hacer este gasto? **No.**
- ¿Qué pros y contras tendría esperar a tener el dinero ahorrado? **Ni así tendría sentido.**
- ¿Endeudarse por este motivo me permitirá ahorrar o ingresar más? **Al contrario, me generará un nuevo gasto.**

Las conclusiones que podemos sacar son evidentes: solo alguien tan insensato como Homer Simpson o alguien sin cultura financiera se endeudaría para una cosa así.

Es necesario hacernos estas preguntas antes de empezar a calcular nada, porque si las respuestas son como las que harían los Simpson, nos estaremos equivocando. No es bueno endeudarse por caprichos, para pagar unas vacaciones, para comprarnos un coche cuando tenemos uno de 6 años que funciona a la perfección o para cambiar de televisor porque el nuestro no es 3D o nos morimos de ganas de ver la última de Tarantino en 4K. Para caprichos: ahorremos, y cuando podamos permitírnoslos, reflexionemos otra vez si valen la pena.

Otro caso en el que Homer se endeuda podemos verlo en un capítulo de la sexta temporada llamado «Homer contra Patty y Selma» en el que Homer decide invertir en calabazas. El precio de estas va subiendo a medida que nos acercamos a Halloween debido al incremento de la demanda. Homer cree que su precio seguirá subiendo hasta enero, pero cuando llega Halloween, evidentemente, el precio cae en picado y se arruina. No puede pagar la hipoteca, esconde la situación a Marge y decide pedir un préstamo, pero nadie se lo otorga. Finalmente sus cuñadas le prestan dinero a cambio de torturarlo obligándole a hacerles masajes en los pies.

Si le hiciéramos las mismas preguntas que hemos visto al principio, en este caso las respuestas serían algo distintas:

- ¿Voy a endeudarme por un capricho o es una necesidad? **Por una necesidad.**

- ¿Realmente necesito lo que voy a comprar? **Sí, debo pagar los recibos.**
- ¿Dentro de una semana voy a seguir queriendo hacer este gasto? **Sí.**
- ¿Qué pros y contras tendría esperar a tener el dinero ahorrado? **No podré pagar los recibos, con los problemas que ello conlleva.**
- ¿Endeudarse por este motivo me permitirá ahorrar o ingresar más? **Me generará un gasto extra, pero también me lo generaría devolver recibos.**

Estas respuestas no se parecen en nada a las del primer caso, pero partimos de una situación distinta: Homer se plantea pedir dinero para pagar deudas. Esto es un error más común de lo que parece y normalmente acaba en sobreendeudamiento y provocando situaciones familiares y financieras muy complicadas. Normalmente, cuando pides dinero porque no puedes pagar un préstamo acabas sin poder pagar dos préstamos. Por lo que, aunque no estemos hablando de un capricho, lo que debemos hacer en estas situaciones es ir a hablar con la entidad financiera que nos ha dejado el dinero y pedir que nos ayude refinanciando la deuda, ya sea alargándola en el tiempo, estableciendo un periodo de carencia o aplicando una quita al capital o a los intereses. Cuando tengamos un problema de este tipo, nunca hay que esconder la cabeza bajo el ala, es necesario dar la cara, cuanto más tardemos, más difícil será encontrar la solución. Es bastante parecido a lo que ocurre con los dolores de muela: evitar a nuestro dentista, por mucho miedo o pereza que nos pueda dar, acaba agravando la situación.

Pongamos un caso en el que Homer y Marge deciden endeudarse por una buena causa, por ejemplo, para pagar unos estudios a Lisa o una moto para que Bart consiga un trabajo de repartidor. En los dos casos el endeudamiento estaría justificado, pues están consiguiendo lo que parece un futuro mejor para sus hijos. En este punto deberíamos hacernos nuevas preguntas:

- ¿Cuánto puedo endeudarme?
- ¿Qué tipo de producto me conviene?
- ¿A qué plazo me interesa hacerlo?
- Entre dos préstamos similares, ¿cuál debo escoger?

Empezaremos por la primera: **¿Cuánto puedo endeudarme?** Aunque lo más aceptado es que las cuotas por endeudamiento no deben superar el 30-40 % de nuestros ingresos, tener nuestro presupuesto familiar nos permite poder dar una respuesta más afinada. Pongamos que no tengo ninguna deuda, pero que al llegar a final de mes no consigo ahorrar nunca; en este caso, sería absurdo pensar que puedo permitirme un préstamo cuya cuota suponga el 30 % de mis ingresos sin antes dejar de gastar en otras cosas.

Por otro lado, si tengo un sueldo de 1.000 euros y estoy ahorrando cada mes, pongamos, el 25 % de dichos ingresos, pagar una cuota por debajo de 250 euros me será relativamente fácil a cambio de ahorrar menos. Si dejo de ahorrar para invertir en algo que me dará beneficios en el futuro, puede que tenga sentido, como en el ejemplo anterior, en el que ahorro para que mis hijos consigan un trabajo, ya sea facilitándoles más estudios, un medio de transporte o una herramienta de trabajo. En definitiva, el porcentaje de ingresos que podemos destinar a deudas debe permitirnos poder hacer frente a la cuota hoy y en el futuro. Es muy importante lo del futuro en préstamos a medio o largo plazo, dado que acostumbramos a pensar solo en nuestra situación presente, y esta puede cambiar.

¿Qué tipo de producto me conviene? Vamos a ver algunos productos o algunas formas de endeudamiento. La más común del planeta la llevas en tu cartera y mide como un naipe, o como una carta de *Magic* para los que jugamos a rol. Sí, estoy hablando de la tarjeta de crédito. Este medio de pago te permite hacer compras sin tener el dinero en la cuenta. Si lo pagas a final de mes, ningún problema, pero como te retrases o tengas que convertir la compra en cuotas, vas a pagar un interés superior al 20 %. Vigila también si la vas a usar en los cajeros; si en lugar de sacar a débito lo haces a crédito, se considerará un préstamo.

Otra forma de endeudarse sin pedir un préstamo es el descubierto en cuenta. Si te llegan recibos y el banco te los atiende cuando no tienes saldo suficiente, vas a pagar interés más una comisión bastante alta. Acuérdate del presupuesto de Clark Kent en el primer capítulo.

En cuanto a los préstamos con garantía personal, son bastante habituales, respondes con tus bienes actuales y futuros.

Suelen ser a un interés más elevado que una hipoteca y a un plazo máximo de 10 años. Acostumbra a ser lo habitual cuando uno se compra un vehículo o cuando va a efectuar una pequeña reforma en casa.

Te recomiendo que huyas de los créditos rápidos; en general, tienen un interés muy elevado. Luego veremos cómo comparar los precios de un préstamo.

El préstamo puede tener otras garantías, por ejemplo, puedes pignorar otros bienes, como un dinero que tengas invertido o, lo más común, puedes hipotecar un inmueble. Esta suele ser la forma más habitual para, por ejemplo, acceder a la vivienda de propiedad. Pero, cuidado, en el caso de que no puedas pagar, el creditor se hará con el bien para recuperar el dinero, y si a pesar de ello sigues debiendo dinero, irá a por tu patrimonio, a no ser que hayas acordado una dación en pago, es decir, saldar la deuda a cambio del bien hipotecado.

Existen otros productos que permiten endeudarse, pero estos que hemos comentado son los más habituales.

Por otro lado, existe la figura del avalista, que es la persona que garantiza que se devolverá una deuda declarándose dispuesta a hacer frente a los compromisos del avalado. Es decir, que si tú avalas a tu cuñado en el préstamo para montar una tienda de cómics y él no paga, el creditor podría reclamarte a ti la deuda.

Siguiendo con el caso de los Simpson, para financiar los estudios de Lisa o la moto de Bart, lo ideal sería un préstamo personal con unas buenas condiciones.

Pero **¿a qué plazo conviene financiarse?** Hay varios factores que debemos tener en cuenta en el momento de decidir el plazo de un préstamo. Por un lado, nuestra edad y nuestros ingresos futuros. Si vamos a pedir un préstamo y nos vamos a jubilar en 5 años, mejor no pedir el préstamo a un plazo mayor de esos 5 años, pues en el momento de jubilarnos, probablemente, nuestro poder adquisitivo descenderá y nos será más difícil devolver el préstamo.

Por otro lado, el plazo del préstamo debería ser acorde con la vida que vaya a tener el bien que compramos. Es decir, si voy a comprarme un coche que estimo que me va a durar 8 años, no me conviene pedir un préstamo a 10 años, pues cuando necesite otro coche todavía estaría pagando el primero.

Por último, hay que tener en cuenta que cuanto más largo sea el plazo, más baja será la cuota, pero que, a la vez, cuanto más largo sea el plazo, más intereses voy a acabar pagando. Por ejemplo, pongamos que los Simpson calculan que entre los estudios de Lisa y la moto de Bart van a necesitar 15.000 dólares; van a su entidad financiera y les ofrecen un préstamo personal al 8 % a pagarlo en 5 o 10 años.

La cuota a 5 años sale a 304,15 dólares y la de 10 años, a 181,99 dólares. Si nos fijáramos solo en esto, claramente escogeríamos la opción de 10 años. Pero si nos fijáramos en lo que vamos a acabar pagando por esos 15.000 dólares, quizás cambiaríamos de opinión. Con la primera opción acabaríamos pagando 18.249 dólares y con la segunda, 21.838,80 dólares.

Plazo	Cuota	Número de cuotas	Total pagado
5 años	304,15	60	18.249,00
10 años	181,99	120	21.838,80
		Diferencia	**3.589,80**

Viendo estos datos, si nuestra economía puede soportarlo, lo ideal sería pagar en 5 años, pues con el ahorro que nos supondrá podremos ir comprando una moto incluso a Maggie. Aunque ten por seguro que Homer habría preferido la primera opción.

Por último, vamos a responder a la pregunta: **Entre dos préstamos similares, ¿cuál debo escoger?**

La mejor forma de comparar dos préstamos similares es la TAE. La TAE es el acrónimo de tasa anual equivalente e incluye, además del tipo de interés, las distintas comisiones y gastos que conlleva un préstamo. Es importante comparar siempre con la TAE, pues nos llevaremos sorpresas si solo comparamos el tipo de interés. Por ejemplo, a Homer le ofrecen para los 15.000 dólares pagar un 7,5 % durante 5 años con una comisión de apertura de 300 dólares en la entidad A y el mismo préstamo en la entidad B, pero al 8 % sin comisión de apertura. Aunque el tipo de interés que pagarás durante 5 años sea más barato, al tener en cuenta los gastos, el coste de la primera opción se incrementa, por lo que financieramente es más interesante la segunda opción.

Un ejemplo todavía más claro sería este: los Simpson deciden cambiar la nevera y encuentran una por 1.000 dólares que incluye el congelador que necesitan. El vendedor les

Plazo	Interés	Comisiones	TAE
5 años	7,5%	300 $	8,68%
5 años	8%	0	8,29%

ofrece financiar la compra a 12 meses sin intereses y con un pequeño gasto inicial por tramitar la financiación de 30 dólares. Sin pensarlo, Homer contesta que adelante, pedazo de oferta al 0 %. Marge, que ya ha aprendido qué es la TAE, pregunta: «¿Cuál es la TAE de la operación?»; el vendedor mira al suelo, traga saliva y suelta: «El 5,80 %».

En el caso de que nos ofrecieran a escoger entre tipo fijo y variable, deberemos tener en cuenta nuestra forma de ser. Me explico: si creemos que tenemos poderes para adivinar el futuro y prever si los tipos subirán o bajarán, podemos tomar la decisión según nuestra predicción. Si sufrimos con los cambios y nos da miedo que los tipos puedan subir, escogeremos un tipo de interés fijo. Si queremos pagar siempre según el precio que haya en el mercado y empezar, seguramente, con un interés más bajo, escogeremos el tipo de interés variable.

Una última recomendación: cuando vayas a pedir un préstamo, haz tantas preguntas como harían tus hijos, sobrinos o nietos de 4 años; compara, busca por internet, haz lo mismo que harías antes de comprar tu nuevo *smartphone*, tu consola o tu nuevo televisor. La pastilla roja hay que tomarla solo si estamos seguros de que es la opción que más nos conviene.

5.
Interés compuesto: la fuerza (Luke y Leia)

Luke Skywalker y Leia Organa son hermanos mellizos, fueron separados al nacer; su madre, la senadora Padmé Amidala, murió durante el parto. Su padre, Anakin Skywalker, se había pasado al lado oscuro.

Crecieron separados sin conocer la existencia el uno del otro. La resistencia contra el Imperio, la lucha contra su padre y la defensa de la alianza rebelde los unió de nuevo. Una vez destruidos su padre y la Estrella de la Muerte, Luke y Leia se encontraron de nuevo en Endor. Pasaron unas semanas juntos para celebrar el día de su 25 cumpleaños. Durante la fiesta, un amigo común, el *ewok* y asesor financiero Erpham Warrick II, les habló de empezar a ahorrar para cuando fueran mayores. Luke se echó a reír, pero Leia lo escuchaba atenta. Si empezaba a ahorrar ahora 50 créditos galácticos al mes, a los 70 años tendría unos ahorros considerables. Sin pensárselo, Leia se puso a ahorrar desde ese momento.

Siguió ahorrando cuando se casó con Han Solo, lo continuó haciendo cuando fue madre, pero a los 40, en una de sus crisis con Solo, habló con su asesor financiero y le dijo que no haría más aportaciones; había estado ajustando su presupuesto personal y por el momento no podía permitirse seguir efectuando dicha aportación. Erpham le dijo que casualmente aquel día había empezado a ahorrar su hermano Luke, quizás fuera la crisis de los 40, pero el muchacho por primera vez pensó en su futuro financiero y empezó a hacer aportaciones de 50 créditos mensuales.

Leia le preguntó a su asesor cuánto dinero tenía ahorrado y el asesor le dijo que había obtenido una rentabilidad del 6 % anual y que después de esos 15 años (de los 25 a los 40) había acumulado 14.415 créditos galácticos. Leia se extrañó; ¿cómo era posible?, si multiplicaba 50 créditos por 15 años por 12 meses le daba 9.000. ¿Tanto había ganado? Erpham le pidió que no subestimara el poder de la fuerza del interés compuesto. Leia quiso saber más, y Erpham le explicó «Si tienes 1.000 créditos galácticos y te dan un 10 %, al cabo de un año tendrás 100 créditos de beneficio; si al año siguiente vuelves a invertir los 1.000 créditos al 10 %, volverás a obtener 100 créditos; en total, en 2 años habrás ganado 200 créditos. En cambio, si al final del primer año en lugar de invertir los 1.000 hubieras invertido 1.100 (tu dinero más los intereses obtenidos), al final del segundo habrías obtenido 110 créditos. Esto es lo que hemos hecho con tu inversión durante los últimos 15 años».

Erpham le preguntó si necesitaba retirar el dinero y Leia le contestó que no, que con dejar de hacer la aportación mensual era suficiente.

Interés compuesto: la fuerza (Luke y Leia)

Plazo	Inversión	Intereses
1 año	1.000	100
2 años	1.000	100
	Beneficio	**200**

Plazo	Inversión	Intereses
1 año	1.000	100
2 años	1.100	110
	Beneficio	**210**

Luke, ese mismo día, empezó a ahorrar 50 créditos galácticos al mes. Y lo hizo hasta que cumplió los 70. En total aportaría 18.000 créditos (30 años x 12 meses x 50 créditos).

A los 70, Erpham Warrick III, el hijo de su antiguo asesor financiero, llamó a Luke para decirle que le entregaría 48.963 créditos galácticos. Sorprendido, Luke le preguntó cómo era eso posible, a lo que Erpham Jr. le contestó lo que su padre le había enseñado: «No subestimes a la fuerza del interés compuesto», y le puso el mismo ejemplo que su progenitor le había enseñado 30 años atrás a Leia.

Luke, contento, llamó a Leia para invitarla a cenar. Cuando ella se presentó, junto con R2D2 y C3PO, le comentó la alegría que le había dado Erpham Jr. Leia le explicó que también ella había recibido la llamada del asesor financiero informando de que le enviarían los créditos acumulados después de haber ahorrado de los 25 años a los 40 y no haber tocado nada desde los 40 a los 70. Luke le preguntó: «¿Cuánto te van a dar?». A lo que su hermana contestó:

«82.795 créditos galácticos». «Pero si solo aportaste 9.000, 50 al mes durante 15 años, yo aporté el doble, ¡he estado 30 años ahorrando! ¿Cómo es posible?», exclamó Luke indignado. R2D2 emitió un pitido que C3PO tradujo como «No subestimes a la fuerza del interés compuesto». «Cállate androide, voy a llamar al ladrón de Erpham!». R2D2, tras emitir un nuevo pitido, proyectó un gráfico hologramático:

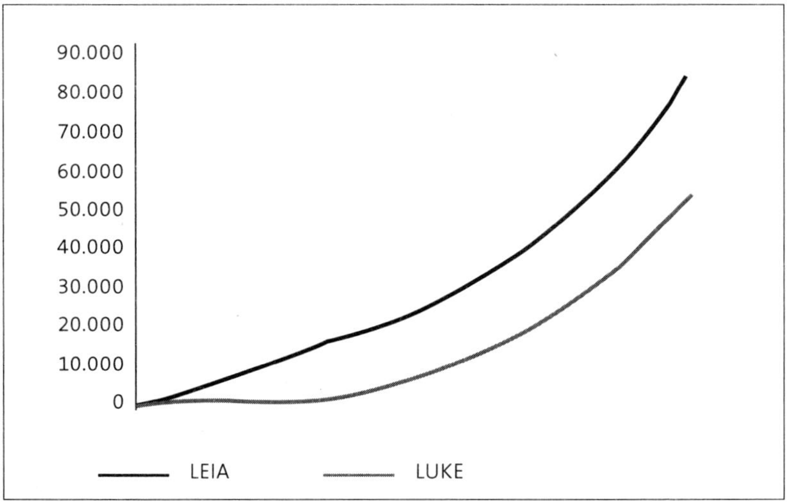

Cuando Leia dejó de aportar acumulaba 14.416 créditos galácticos, que le generaban interés cada mes; de hecho, cuando Luke llevaba un mes ahorrando acumulaba 50,24 créditos y durante ese primer mes de Luke los 14.416 créditos de Leia crecieron por sí solos 70 créditos más.

Luke entendió aquel día que cuanto antes empieces a ahorrar, mejor te irá; por otro lado, después de la cena, mirando las estrellas recordó al viejo Yoda cuando le dijo:

«Un misterio infinito la fuerza es. Mucho por aprender aún queda».

Si tienes 25 años, no esperes a los 40; si ya tienes 40 no esperes a los 60, y si ya tienes 60, diles a tus hijos que no esperen a los 40.

6. La jubilación en la Tierra Media

Si tienes entre 35 y 55 años estoy convencido de que eres receptor de un montón de mensajes relacionados con tu futura jubilación. De hecho, serás bombardeado hasta que te abras un plan de pensiones privado que complemente la que, no dejan de decirte, será tu menguante pensión pública, si es que llegas a tenerla.

Es cierto que si las pensiones se siguen pagando según las cotizaciones de las personas en activo, el sistema corre un gran riesgo de colapsar. Por otro lado, cambiar el sistema es solo una decisión política, es decir, se puede, por ejemplo, llegar a decidir que nuestra generación se sacrifique pagando las pensiones de nuestros mayores y dotando un fondo público para las nuestras, y así, a partir de entonces, nuestros hijos y las generaciones venideras ya solo se pagarían las suyas. O se puede decidir pagarlas no solo con cotizaciones sociales, sino utilizando otros impuestos o creando impuestos nuevos que permitan financiarlas. O destinar otras partidas del presupuesto para pagar la paga de los mayores. Es cuestión de voluntad política. Esto no quita que la pirámide poblacional y el aumento de la esperanza de vida haga más difícil sostener el sistema y más necesario replantearlo.

De cada 100 niños nacidos en 1900 en España, se calculaba que solo 30 llegarían a los 65 años y que, al cumplir esa edad, su esperanza de vida sería de 10 años. De cada 100 niños nacidos hoy, 90 llegarán a cumplir los 65 años y la edad en la que les quedará una esperanza de vida de 10 años serán los 79 años. Estos cuatro datos ya nos deberían hacer comprender que estamos ante un reto como sociedad que cuanto más tardemos en afrontar, más difícil va a ser de remediar, sobre todo cuando los políticos están más preocupados en ganar las siguientes elecciones que en tomar decisiones estratégicas que ayuden al bienestar de las actuales y futuras generaciones.

Imaginemos que en la Tierra Media del maestro Tolkien hubiera un sistema universal de pensiones en el que desde los 16 hasta los 65 años se cotizara y a partir de entonces uno se jubilara. Los grandes beneficiarios de este sistema serían los elfos, raza inmortal por excelencia; me refiero a las enfermedades y al envejecimiento, porque, como ya sabes, si a un elfo le pasa un autobús por encima (difícil en la Tierra Media), muere como cualquier hijo de vecino. Por ejemplo, a Galadriel la conocimos en la trilogía de *El señor de los anillos* con más de 6.000 años, ¿te imaginas que se hubiera jubilado a los 65?

Por otro lado, los humanos en la Tierra Media viven unos 70 años y probablemente lleguen a esa edad muy pocos. Excepto aquellos que llevan sangre élfica, como, por ejemplo,

Elros, que vivió 500 años. A él la pensión no debió preocuparle mucho porque era rey y este tema lo llevan de otra forma.

Por su parte, es habitual que los *hobbits* lleguen a alcanzar los 100 años. De hecho, todos recordamos la celebración del 111 aniversario de Bilbo Bolsón. Es decir, otra raza privilegiada, disfrutando de su pensión durante muchos años.

Los enanos podríamos decir que viven más o menos como los *hobbits*, por lo que ¿quién va a pagar la fiesta? Solo nos quedan los orcos, van a ser ellos los que la paguen. Raramente un orco va a vivir más de 40 o 50 años, por lo que su cotización serviría para pagar las pensiones del resto de razas.

Probablemente los orcos se negarían a cotizar para pagar unas pensiones que nunca recibirían y debería establecerse un modelo más equilibrado. En este sistema, seguramente los elfos no se jubilarían nunca por edad, pero podrían gozar de distintos periodos de jubilación a lo largo de su vida.

Los *hobbits* se jubilarían a una edad acorde con su esperanza de vida, quizás trabajarían hasta los 75 o 80 años o quizás, aprendiendo de los elfos, también podrían tener diferentes periodos de jubilación cuando fueran más jóvenes para luego seguir trabajando.

Los humanos podrían utilizar el mismo sistema que usamos nosotros desde principio del siglo xx, excepto los que tengan sangre élfica, a los que habría que buscar un sistema distinto.

Por último, los orcos podrían jubilarse sobre los 35 y gozar de su pensión los últimos años de su vida.

En la actualidad también existen grandes diferencias entre la esperanza de vida de los pensionistas; por ejemplo, en la ciudad de Barcelona la esperanza de vida de las personas de los barrios más ricos llega a superar en 10 años a la esperanza de vida de los ciudadanos de los barrios más pobres, con lo que podemos concluir que los pobres, en parte, están pagando las pensiones de los ricos.

Acabo por donde empecé: si estás en edad de cotizar, no te dejes atosigar por los mensajes publicitarios de los que quieren que te abras ya un plan de pensiones, pero repasa lo que leíste en el capítulo de Luke y Leia: ahorrar no está de más y cuanto antes empieces, mejor te irá. No olvides informarte y exigir a tus representantes públicos que traten el tema buscando soluciones a largo plazo que sean justas y aplicables. Y si eres un elfo, vigilia con los autobuses (si eres un humano también).

7.
El riesgo y *Los puentes de Madison*

Los puentes de Madison es una película que, si no fuera porque la protagoniza Clint Eastwood, muchos de nosotros no la hubiéramos visto. Se trata de la adaptación de la novela homónima de Robert James Waller.

¡Alerta *spoiler*! No es una película de Alfred Hitchcock, pero si no la conoces y la piensas ver, sáltate este parágrafo porque voy a destrozarte el final. En 1965 Francesca (Meryl Streep), una italiana residente en Iowa y casada con un soldado norteamericano, conoce a un fotógrafo llamado Robert Kincaid (Clint Eastwood), que está haciendo un reportaje sobre los puentes del condado de Madison. Los hijos y el marido de ella están en una feria lejos de casa. Francesca y Robert viven un apasionado romance bajo la losa que representa la infidelidad en ese tiempo y en ese entorno. Cuando vuelve la familia, Francesca toma conciencia de su encorsetada vida, pero decide continuar con ella. A Robert ya no lo vemos más hasta la última escena, en la que Francesca está sentada en la camioneta de su marido y ve a Robert en la calle, empapado bajo una intensa lluvia. Este se acerca unos pasos, pero Francesca con la mirada y una leve sonrisa le hace entender que su decisión no ha cambiado: se quedará con su marido. Robert sube a su vehículo. El semáforo se pone en rojo. Robert frena. La camioneta de Francesca y su marido frena detrás. Sigue lloviendo intensamente. Robert coloca en el retrovisor su colgante, como una señal para Francesca. Ella se revuelve por dentro. El semáforo cambia a verde, Robert sigue parado a la espera de que Francesca baje de la camioneta y suba a su vehículo. Los espectadores estamos pensando lo mismo, ella pone la mano en la manilla, pero nunca llega a abrir la puerta. Prefirió no correr el riesgo, mantuvo una actitud conservadora que le aseguró seguir con su vida y con sus hijos. Si no lloras viendo esta escena es que deberías ser uno de los malos de *The Walking Dead*.

Y todo esto para hablar de riesgo. En finanzas existe un binomio que mucha gente desconoce y es el que combina riesgo y rentabilidad. Quiere decir que para obtener rentabilidades mayores, hay que correr riesgos mayores.

Por ejemplo, Francesca, una ahorradora conservadora, en un momento dado decide arriesgarse y empezar una aventura con Robert. La rentabilidad que obtiene para el riesgo tomado es muy buena. Se arriesga poco, tiene una aventura de unos pocos días en ausencia de su familia y obtiene descubrir otro mundo, saber que vive encorsetada, conocer la pasión y volver a enamorarse. Ahora bien, ella sigue siendo una persona conservadora y sabe que si se arriesga más, no va a poder conciliar el sueño, por lo que, en el momento de tomar riesgos mayores, prefiere adoptar una actitud más prudente a cambio de vivir sin la incertidumbre de lo que va a pasar.

En finanzas es muy importante tener en cuenta el vínculo entre riesgo y rentabilidad, por eso, antes de invertir sería bueno que pensaras cómo te sentirías si perdieras parte del capital y si eso te dejaría dormir por la noche. Si la respuesta es sí y dispones de dinero que no vayas a necesitar en breve, puedes invertir en algo arriesgado. Si, por el contrario, la idea de perder una parte de tu capital te hace sentir mal, quizás te convenga más renunciar a las posibles ganancias a cambio de conciliar el sueño.

Este binomio también te servirá para valorar las ofertas. Si alguien nos ofrece un tipo de interés más elevado que el interés del mercado, debemos saber que estamos asumiendo más riesgo. Para tener una idea de cuáles son los tipos de interés razonables puedes buscar, por ejemplo, cuánto se paga por un bono alemán a 10 años o cuál es el precio oficial del dinero del Banco Central Europeo (te sirve si vives en Europa, si vives en Estados Unidos podrías buscar cuánto se paga por un bono norteamericano a 10 años y el tipo de interés de la Reserva Federal). Si te ofrecen una rentabilidad muy superior, seguro que tú o el que te lo ofrece estáis tomando riesgos.

A largo plazo, la posibilidad de tener pérdidas suele ser menor, por lo que si te decides a invertir en algo arriesgado, piensa en horizontes lejanos.

Las entidades financieras están obligadas a informarte de cuál es el riesgo del producto que te ofrecen. En España la CNMV obliga a poner un número del 1 al 6 (1 = poco riesgo, 6 = máximo riesgo). En los contratos deberías encontrar algo parecido a esto:

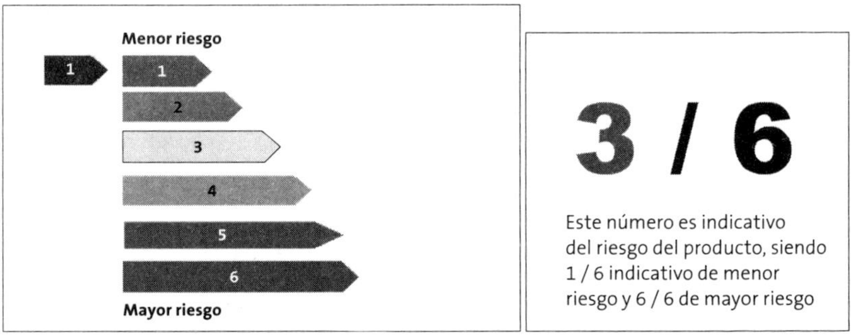

Aparte, para según qué productos, las entidades están obligadas a realizarte un test para conocer tu perfil inversor, el conocido como test MIFID.

A la hora de evaluar los riesgos también es bueno tener en cuenta el destino de la inversión, por ejemplo, si estoy invirtiendo para hacer un viaje dentro de 15 años, quizás podré arriesgar más que si se trata de unos ahorros que voy a necesitar el año que viene para realizar un máster en el extranjero.

Por último, tu perfil de riesgo es tuyo y es diferente al del resto de las personas, por lo que no deberías dejarte llevar por las decisiones de los demás, de la misma forma no hay que juzgar las decisiones de los demás, ni siquiera la decisión de Francesca de renunciar a subirse a la ranchera del mismísimo Clint Eastwood.

8. Forrest Gump y la diversificación

Ahora que ya hemos aprendido lo que es el riesgo, vamos a aprender a reducirlo. Lo haremos de la mano de Forrest Gump, mejor dicho, lo haremos de la mano de su amigo y socio: el teniente Dan.

Forrest Gump nos cuenta la historia de una generación a través de la vida de su protagonista. Sentado en el banco de una parada de autobús, relata su vida a diversos extraños que se sientan junto a él. Cuenta anécdotas increíbles, ya que ha vivido directamente grandes momentos de la historia estadounidense, por poner un ejemplo, enseña a bailar moviendo la pelvis al mismísimo Elvis Presley.

Uno de los momentos más importantes de su vida fue su participación en la guerra de Vietnam; fue a la guerra con su amigo de la universidad Bubba, con quien se compromete a que más adelante se dedicarán juntos a la pesca de gambas. El pelotón del que forman parte Forrest y Bubba cae en una emboscada; Forrest, valiente y rápido, consigue salvar a buena parte del pelotón, entre ellos al teniente Dan, pero no al pobre Bubba, que muere allí. En el hospital vuelve a coincidir con el teniente Dan; este está furioso, ha perdido las dos piernas y habría preferido morir en el campo de batalla. Mientras se recupera, Forrest juega al *ping-pong* y demuestra tener un gran talento para este deporte, lo que le acabará reportando un buen pellizco.

El dinero conseguido lo invierte en cumplir la promesa que hizo a su amigo Bubba: compra un pesquero e intenta, sin fortuna, dedicarse a la pesca de gambas. El teniente Dan se une a él, y una noche de tormenta huracanada, en que la mayor parte de la flota pesquera queda devastada, Forrest y el teniente Dan consiguen unos beneficios enormes al poder pescar lo que antes pescaban montones de barcos. A partir de ese momento, el teniente Dan se encarga de gestionar el pesquero y el dinero.

Uno podría pensar que si han aprendido a pescar, se les da bien y conocen cómo funciona el negocio, quizás lo más adecuado sería comprar nuevos pesqueros. Es una opción, pero en cuanto al riesgo no es la mejor. Imaginemos que vuelve a haber un huracán, ¿volverán el teniente Dan y Forrest a tener la misma suerte? A lo mejor sí, pero muy probablemente no, con lo que poner todos los huevos en el mismo cesto no es lo más recomendable. El teniente Dan, que sabe algo de finanzas, o algo de huevos, decidió invertir en otras cosas. Forrest pensó que estaba invirtiendo en manzanas; en realidad, lo hacía en acciones de Apple. Por cierto, pongamos que eso fuera en 1980 y que hubiera invertido 100.000 dólares, en 2017 valdrían más de 5.500.000 dólares. No está nada mal.

Probablemente el teniente Dan invirtiera en otras cosas, y con cada cosa que hubiera invertido habría reducido el riesgo global de la inversión.

Imaginemos que tenemos la suerte de poder invertir 10.000 euros y nos gusta una empresa en concreto, por ejemplo, Nintendo, y acabamos comprando 10.000 euros en acciones de la compañía nipona. Si al cabo de unos meses Nintendo saca al mercado un *Mario Bros* que es un desastre y las acciones caen a la mitad, nos quedaríamos con 5.000 euros o, peor aún, si la empresa quiebra, nos quedaríamos sin nada. Seguramente si a Nintendo le fuera mal, a Sony o a Microsoft, sus grandes competidores, les estaría yendo bien, por lo que haber invertido en las tres nos habría hecho reducir el riesgo. Pero ¿y si resultara que se ha puesto de moda jugar a rol y ya nadie quiere una consola? Las tres compañías habrían perdido valor mientras otras compañías habrían subido: las de los juegos de rol, como Chaosium (si cotizaran), e indirectamente las distribuidoras, editoriales y hasta las compañías de papel. Por lo que habría sido mejor diversificar entre distintos juegos. Pero ¿y si resultara que ya a nadie le gusta jugar porque lo que se lleva es salir a hacer deporte? No me parece muy probable, pero todas las compañías anteriores habrían perdido valor y, en cambio, se habrían beneficiado las empresas de zapatillas deportivas, gimnasios, etcétera. Por lo que si hubiéramos diversificado todavía más, el riesgo habría sido cada vez menor.

Hoy en día es relativamente fácil invertir en diversos activos de manera sencilla y económica, a través de ETF (fondos que cotizan) que uno puede comprar a su proveedor de servicios financieros. Los ETF replican índices, con lo que, por ejemplo, comprando una acción de un ETF que invierta en el S&P 500, estarás invirtiendo indirectamente en 500 empresas. Con 3 o 4 ETF un particular puede estar invirtiendo en empresas de todo el mundo reduciendo su riesgo notablemente y a un coste bastante económico. Si tienes algo ahorrado, te propongo que vayas a tu banco y les preguntes cómo invertir en ETF; probablemente te ofrecerán otros productos, a veces similares, pero normalmente con un coste más elevado, y si el coste es más elevado, tu rentabilidad va a ser menor. Infórmate de las alternativas que existen, hay miles de ETF que te permitirán diversificar de forma sencilla y económica.

Volviendo al teniente Dan y a Forrest Gump, probablemente los pesqueros que se hundieron el día del huracán no tenían inversiones complementarias y eso los condenó a pasar un mal trago para poder recuperarse. Nuestros protagonistas tuvieron suerte de superar el huracán y a partir de ese momento construyeron una cartera diversificada que les permitió reducir el riesgo a futuras pérdidas.

El mundo de la inversión es como una caja de bombones, nunca sabes lo que te va tocar. Por lo que cuanto más bombones distintos tengas, mejor.

9.
Atrapado en el tiempo y la ISR

Es dos de febrero de 1993, el reloj del radio, despertador marca las seis en punto y suena *I got you babe,* de Sonny and Cher. Phil Connors abre los ojos, está solo en una cama de una habitación que conoce, ayer tuvo que volver a dormir al mismo hotel por culpa de una tormenta de nieve. Mira por la ventana, sigue todo nevado. Algunos transeúntes caminan sobre la nieve dirigiéndose todos en la misma dirección. En la radio, dos locutores con más energía que tu sobrino después de comerse una tableta de chocolate dicen que hace frío, que no están en Miami, que viene una tormenta de nieve y que el invierno será largo o corto. A Phil le cambia la cara; qué raro, es exactamente lo que dijeron ayer. ¿Qué está pasando? ¿Es una broma pesada? Se viste. Sale de la habitación del pequeño hotel, baja la escalera y la señora Lancaster le pregunta: «¿Durmió bien, señor Connors?». Phil solo alcanza a decir: «Dormí solo, señora Lancaster», con un tono de voz más bajo del usado el día anterior.

Sale a la calle y saluda a Larry: «Deberíamos ir tirando, la marmota va a salir y tiene usted que entrar en directo». Phil está nervioso, pero sigue a Larry hasta el mismo parque del día anterior. El ajetreo es enorme, periodistas, curiosos y pueblerinos se aglomeran mirando hacia el mismo lugar.

Justo en ese momento ve a Rita, la productora del programa, se acerca a ella y le dice: «Rita, ¿qué está pasando?». Esta le pide que se concentre en hacer una buena transmisión. Larry se pone la cámara en el hombro y le dice a Phil que ya puede empezar, este mira a la cámara y dice: «Esta mierda ya la conté ayer», tira el micrófono al suelo y se dirige a un bar cercano.

Decide volver a la ciudad. Habla con uno de los clientes, saca un fajo de billetes y le compra su coche. Se sube a él y sigue las indicaciones que le han dado para llegar a la autopista. Cuando solo ha avanzado 8 quilómetros se encuentra la carretera cortada por una impresionante nevada. Un policía se acerca, Phil se pone nervioso. El policía da un golpecito al cristal del conductor, Phil baja la ventanilla y el policía le dice que debe dar media vuelta y volver a Punxsutawney. Phil, enfadado, se dispone a maniobrar cuando el policía le dice: «Un momento. ¡Usted es Phil Connors!». Phil arranca cuando el policía continua diciendo: «¡El meteorólogo del canal 8! Vaya cagada, tío, que la borrasca no llegaría...». Phil, de muy mala leche, acelera levantando la nieve con las ruedas traseras y deja al policía con la palabra en la boca... llena de nieve. Llega hasta la puerta del hotel de la señora Lancaster. Al entrar, la propietaria le dice a Phil: «Bienvenido de nuevo, ¿va quedarse muchos días?», a lo que Phil responde: «Me voy mañana, señora».

A las seis de la mañana del día siguiente suena en el radio despertador *I got you babe*, de Sonny and Cher, Phil abre los ojos, se sobresalta menos que el día anterior, hasta que el locutor repite las mismas palabras de ayer y ve caminando a las mismas personas a través de la ventana. Baja la escalera y la señora Lancaster le pregunta: «¿Durmió bien, señor Connors?», exactamente con el mismo tono que el día anterior. Phil la deja con la palabra en la boca y sale corriendo. Larry lo está esperando fuera; antes de que pueda saludarlo, Phil lo agarra del pescuezo y le pregunta si le está gastando una broma. Larry no entiende qué le está preguntando.

A partir de aquí, y como sé que has visto la película (tienes razón, alguna parte me la he inventado para darle más ritmo), ya puedes imaginarte lo que pasa: Phil aprovecha que va acumulando información para delinquir, beber e intentar seducir a Rita. Cada día da un pequeño paso más hacia el abismo, y cada día, muera o se vaya a dormir, se despierta como si fuera dos de febrero de 1993 con la música de Sonny and Cher en un pueblecito llamado Punxsutawney.

Phil es un hombre que ha tenido cierto éxito, que ha vivido bastante como ha querido a lo largo de la vida. No es feliz haciendo lo que le da la gana sabiendo que no hay consecuencias, que cada día se despertará como si nada de eso hubiera ocurrido. Cuando ese dos de febrero se ha repetido ya más de un centenar de veces, Phil se suicida una y otra vez, aburrido y asqueado; si a veces la vida nos parece que no tenga sentido, repetir el mismo día una vez tras otra todavía tiene menos. Una mañana, cruza una calle cerca del banco, una abuela le pide ayuda, dice que tiene un vencimiento de su libreta a plazo y que le da miedo entrar sola en su banco, que le hablan con tecnicismos que ella no entiende. Phil, que ha atracado unas 20 veces esa sucursal y que conoce a cada uno de los empleados, entra con ella con la intención de ayudarla. Los atiende Franz Petaflop. Empieza diciendo que lo que tenía la señora era un fondo de inversión garantizado y que la garantía, efectivamente, vencía el 31 de enero, por lo que sería conveniente pensar qué quieren hacer con la inversión. Empieza a explicar un producto muy complejo, la señora mira a Phil y este dice: «Franz, cuando viniste de Ucrania con tus hermanos, os hicisteis la promesa de no engañar nunca a nadie...». A lo que Franz le responde: «¿Cómo sabe mi nombre? ¿Cómo sabe que tengo hermanos? ¿Cómo sabe que vinimos de Ucrania?». Phil le dice que siga explicando, pero que no les engañe.

La abuela pregunta en qué se estaba invirtiendo su dinero y Franz le responde que en bonos de compañías cotizadas en Nueva York. A lo que la abuela pregunta: «¿Y son buenas compañías?». Franz responde que sí, que están entre las compañías con más beneficios de Estados Unidos. La abuela le dice: «No me has entendido, digo si son buenas, si tratan bien a los clientes, a los trabajadores, al medioambiente...». Franz suelta una carcajada y dice: «Pensaba que quería saber si eran buenas compañías...». Phil lo mira serio y le dice: «¿Puedes responder, Franz?». Este se levanta y va a hablar con un superior. Vuelve acompañado a la mesa por Carl Peasle, quien empieza a hablarles de una cosa que ni Phil ni la abuela habían oído nunca: inversión socialmente responsable. Resulta que el banco comercializaba un fondo de inversión en empresas que no invirtieran en armamento, nucleares, tabaco ni, por supuesto, explotación infantil. La abuela sonríe mirando a Phil y le dice «Gracias, es usted muy buena persona».

Le acababan de ofrecer a la abuela un producto de inversión socialmente responsable de exclusión o de *screening* negativo. Hoy en día la mayoría de las inversiones socialmente responsables se hacen de este tipo, dado que es más sencillo de gestionar y fácil de explicar. Al final no deja de ser un simple filtro en el que se dice que invertimos en todo excepto en lo que tenga algo que ver con unos criterios concretos, como, por ejemplo, empresas armamentísticas, empresas que fomentan el trabajo infantil o tabacaleras.

La abuela contrató el fondo, y Phil sintió la gratitud, una gratitud que desde pequeño, cuando le regaló un retrato hecho por él a su querido abuelo y este se lo agradeció con un gran abrazo, no había sentido. Volvió al hotel y cuando la señora Lancaster le preguntó si se iba a quedar mucho tiempo, la besó y le dijo: «Probablemente esté por aquí unos días».

Al día siguiente, Phil se levantó contento por primera vez en mucho tiempo. Apagó su despertador y bajó feliz al comedor del hotel, desayunó, se dirigió a la biblioteca y empezó a leer libros de finanzas. Durante los dos de febrero siguientes fue aprendiendo y también fue acompañando a los habitantes de Punxsutawney al banco.

Un día entró acompañando a dos hermanas y dijo: «Petaflop, búscame este fondo». Franz Petaflop lo miró extrañado de que conociera su nombre y le contestó que no, que ese fondo no lo tenían. Phil se levantó, se puso al lado de Franz y le soltó: «Con este apellido deberías ser más rápido y más preciso», escribió algo en el teclado y el fondo apareció en pantalla. Franz se levantó, fue a buscar al señor Peasle y este les dijo que sí, que ese fondo existía. Era un fondo socialmente responsable *best-in-class* o de *screening* positivo, es decir, que invertía según criterios ambientales, sociales y de gobernanza. Las dos hermanas le dieron las gracias y lo contrataron.

La inversión socialmente responsable en *best-in-class* o *screening* positivo consiste en hacer una criba para seleccionar dentro de la inversión aquellas empresas que mejor sigan los criterios. Es una estrategia más costosa que la de *screening* negativo, y que era poco habitual en 1993, pero que cada vez se utiliza más.

Phil siguió acompañando a personas al banco y ayudando a despertar el interés de los ahorradores en que sus ahorros e inversiones se realizaran de acuerdo con unos criterios que revertieran positivamente en la sociedad.

Hoy en día hay más estrategias para invertir responsablemente, como la inversión temática, que invierte en temas específicos; por ejemplo, puedes ir a tu banco y pedir invertir en fondos que prioricen la lucha contra el cambio climático, la gestión responsable del agua o el desarrollo de energías renovables. Han crecido mucho en los últimos años. También existe la estrategia de inversión de impacto, es decir, la estrategia de inversión socialmente responsable más reciente;

podríamos definirla como aquella que pretende un impacto social positivo en temas tan concretos como la inclusión financiera a través de microcréditos o el *crowdfunding* para dar viabilidad a proyectos y negocios de impacto social.

Pero volvamos al 2 de febrero de 1993. Phil, después de un día perfecto, llevó a Rita al hotel y estuvieron hablando hasta dormirse. A la mañana siguiente, Phil se despertó, esta vez acompañado, en el hotel de la señora Lancaster.

Hoy en día, cuando inviertes, puedes hacerlo siendo coherente con tus valores; la inversión socialmente responsable, según el informe anual de Spainsif,[3] representa el 47 % de la inversión en España. Personalmente, y por mi experiencia, la cifra debe ser bastante menor; ojalá esté equivocado. Lo que es cierto es que cada vez es más fácil encontrar productos que te permiten invertir en finanzas socialmente responsables, ya sean fondos de inversión, planes de pensiones o ETF.

Cuando inviertas, pregunta dónde va a parar tu dinero. La rentabilidad en productos de inversión socialmente responsable no suele ser peor que en otras inversiones. Y si lo recomienda Bill Murray, es que debe ser bueno.

3. Véase: <http://www.spainsif.es/wp-content/uploads/dlm_uploads/2017/01/estudio-spainsif-2016.pdf>.

10.
Los ingresos pasivos para hacer de superhéroe

Los ingresos pasivos son algo mucho más bonito de lo que su nombre indica. Son aquellos ingresos que recibes sin necesidad de tu presencia ni de que actúes directamente. Son aquellos que solo requieren que pongas algo en marcha, como, por ejemplo, publicar un libro, alquilar un bien, etcétera. Podemos incluir también como ingresos pasivos los ingresos provenientes de tus inversiones financieras.

El objetivo de obtener ingresos pasivos es triple: mejorar tu presupuesto personal (acuérdate del caso de Clark Kent y los números rojos), incrementar tu capacidad de ahorro y, sobre todo, tener más tiempo para hacer cosas que te apetezcan.

Muchas veces se vinculan los ingresos pasivos a la libertad financiera. La libertad financiera consiste en tener suficientes ingresos pasivos o suficiente capital del que disponer para no tener que trabajar. Pero la libertad financiera no depende solo del dinero, uno puede ser pobre y tener libertad financiera y otro rico pero no serlo. Al final, depende de las necesidades que se imponga cada uno. Como diría san

Agustín, «no es más feliz el que más tiene, sino quien menos necesita».

Si has comprado este libro, has hecho que yo reciba un ingreso pasivo que ayudará a mejorar mi presupuesto, me pondrá en mejor disposición para ahorrar y si te gusta y lo recomiendas y se venden un montón de ejemplares, podré tener más tiempo para dedicarlo a lo que me apetezca. Pensemos un poco en el caso de Bruce Wayne: las inversiones que realiza a través de Wayne Enterprises, empresa en este caso heredada, le permiten que pueda dedicar el tiempo a hacer de Gotham City una ciudad mejor. Además, los rendimientos de Wayne Enterprises le permiten destinar parte de estos ingresos pasivos a desarrollar nueva tecnología para estar más protegido en la lucha contra el mal, vestido de su *alter ego*: Batman. Lo mismo sucede con Tony Stark: los rendimientos de Industrias Stark le permiten dedicarse a hacer de superhéroe, en este caso, bajo la armadura de Iron Man.

Obtener ingresos pasivos no quiere decir que te caiga maná del cielo, quiere decir que se generan sin necesidad de trabajar de forma activa. Los ingresos pasivos tampoco son aquellos que se obtienen de engañar a la gente o de aprovecharse de la gente, son aquellos que obtienes ofreciendo algo que los demás valoran. Es decir, das valor a los demás. Por eso habitualmente se consiguen haciendo cosas que te gusta hacer, por ejemplo, si te gusta escribir, es más probable que te guste practicar, aprender y mejorar. Eso te llevará a escribir buenos textos que quizás en el futuro puedan reportarte unos ingresos extras.

Por otro lado, tanto en el caso de Batman como en el de Iron Man obtienen ingresos pasivos porque tienen riqueza, en el caso de ambos, heredada. Por lo que podrías pensar: «Yo no puedo tener ingresos pasivos porque no tengo bienes». Una parte de los ingresos pasivos te dan la razón, por ejemplo, recibir ingresos de un alquiler, de un activo financiero o de una empresa requiere disponer antes de un bien que alquilar, un dinero que invertir o una empresa que poseer.

Pero, por otro lado, existen, aunque no son sencillos de obtener, los ingresos pasivos que no dependen de que tengas un patrimonio previo, es decir, ingresos pasivos creados desde cero. Un ejemplo de ello son los derechos de autor: puedes crear un libro, una canción, vender tus mejores fotos o patentar un invento y recibir ingresos a medida que otros lo disfrutan.

Otro ejemplo podría ser la creación de un blog, de un *podcast* o de un canal de YouTube; si cuentas cosas interesantes y atraes visitas, podrás recibir ingresos publicitarios. ¿Deberás dedicar esfuerzos? Sí, pero le dedicarás lo que tardes en escribir tu *post*, en grabar tu vídeo o tu *podcast* y luego tu creación estará disponible 24 horas al día 7 días a la semana para generar ingresos pasivos.

Plantéate retos que sean posibles, por ejemplo, voy a escribir un *post* cada semana o voy a hacer tutoriales sobre pintar figuras de plomo de *La llamada de Cthulhu*; cosas que realmente te gusten, que se note que tienes vocación y si encima cae algún ingreso, pues bienvenido sea.

Si te interesan los ingresos pasivos, encontrarás un montón de información en internet. Es como lo de «perdí 12 kilos en 3 semanas», vas a encontrar cientos de especialistas que te lo van a pintar todo muy fácil mientras te intentan vender el libro de *100 formas de conseguir ingresos pasivos en una semana*, pero no te dejes engañar, es su forma de obtener los suyos. Los ingresos pasivos existen, pero si fuera tan fácil conseguirlos, se habrían agotado los disfraces de superhéroe.

11.
La rentabilidad y la inflación: *King Kong*

Ya hemos hablado del riesgo, de la diversificación, de cómo invertir conforme a tus valores a través de la inversión socialmente responsable, pero aún no hemos tratado dos aspectos clave de la inversión: la rentabilidad y el efecto de la inflación, así que vamos a aproximarnos de forma sencilla a ellos.

¿Quién no conoce la historia de *King Kong*? Vamos a hacer un poco de *spoiler*: un equipo de cine viaja a la isla de la Calavera en busca de un misterioso ser al que se refieren como Kong. Allí descubren una civilización desconocida que decide secuestrar a la actriz Ann Darrow para ofrecerla en sacrificio a Kong.

Kong resulta ser un gorila gigante que enseguida se siente atraído por Ann, a quien defiende de todo peligro hasta que es capturado por la expedición y transportado a Nueva York. Hasta aquí el *spoiler*.

La película ha sido llevada al cine en varias ocasiones, las tres principales son:

- La original, de 1933, dirigida por Merian C. Cooper y Ernest B. Schoedsack y con Fay Wray haciendo de Ann Darrow.
- El *remake* de 1976 dirigido por John Guillermin y protagonizado por Jessica Lange.
- La versión de Peter Jackson, de 2005, interpretada por Naomi Watts.

En 1933, llevar a cabo esta superproducción costó 672.000 dólares norteamericanos; en 1976, costó 24 millones de dólares, y en 2005, un Peter Jackson pletórico, después de la saga de *El señor de los anillos*, se gastó 207 millones en llevar al gorila gigante a la pantalla.

	1933	1976	2005
Presupuesto	$672.000	$24.000.000	$207.000.000
Recaudación	$2.800.000	$90.600.000	$550.500.000

Peter Jackson se gastó 308 veces más dólares que Cooper y Schoedsack, y 8 veces más que Guillermin. Pero ¿tiene sentido comparar dólares de 1933 o 1976 con dólares de 2005? La respuesta es clara: no. No tiene sentido por culpa de una palabra que hemos oído muchas veces: la inflación.

La inflación es el incremento de los precios de los bienes y servicios en el mercado durante un periodo de tiempo, normalmente 12 meses. Cuando la inflación sube quiere decir que los precios son más caros o, lo que es lo mismo, que con el mismo dinero podemos comprar menos cosas. Un ejemplo: si en enero de este año las entradas del cine cuestan 10, con un billete de 20 podré comprar dos entradas. Si el próximo enero cuesta 10,50, tendré que añadir 1 para poder comprar dos entradas. La inflación habrá sido 10,5 dividido entre 10 menos 1, es decir, un 5 %. De modo que un billete de 20 de este enero equivale a 21 del próximo enero.

Volvamos a *King Kong*; para poder comparar el coste de las tres versiones de la película deberemos tener en cuenta la inflación. Vamos a calcular cuánto valía en 2005 un dólar de 1933 y uno de 1976. Para hacerlo, podemos buscar la serie histórica de la inflación norteamericana o simplemente buscar alguna de las calculadoras financieras que existen en la red para calcular datos históricos. Yo he utilizado esta: <www.westegg.com/inflation>.

Un dólar de 1933 equivale a 15,05 dólares de 2005, y un dólar de 1976 equivale a 3,42 dólares de 2005. Visto de otra forma, para obtener lo que podía comprar con un dólar en 1933 en 2005 necesitaría más de 15 dólares. Con estos números, a simple vista, ya vemos que la película de Peter Jackson sigue siendo, de calle, la más cara de las tres, pues el coste a precio de 2005 de las tres películas habría sido de:

	1933	1976	2005
Presupuesto	$10.113.600	$82.080.000	$207.000.000

O, lo que es lo mismo, Peter Jackson se gastó 20 veces más que lo que costó la película de 1933 y solo 2,5 veces más que la versión de 1976.

Podemos complicarlo más, y una vez que tenemos estos datos, calcular cuánto costó el minuto de cada película a precio de 2005.

	1933	1976	2005
Presupuesto	$10.113.600	$82.080.000	$207.000.000
Minutos	104	134	187
Pres./Minuto	$97,246	$612,537	$1,106,952

La cosa se iguala todavía más, dado que el minutaje en el cine parece que también ha tenido inflación, y lo que en la década de 1930 se contaba en 100 minutos, a mediados de la década de 1970 necesitaba dos horas y cuarto, y ya sabemos que a Peter Jackson le van las versiones extendidas y necesitó más de 3 horas para contar más o menos lo mismo. Pese a todo, se gastó más de 1 millón por minuto de película, casi el doble que la cinta de 1976 y 11 veces más que la versión original.

Pero ¿y si comparamos el dinero recaudado? La peli de Peter Jackson recaudó 550 millones de dólares, la versión de 1976, 90,6 millones y la de 1933, 2,8 millones de su época. ¿Qué sucede si tenemos en cuenta la inflación?

La rentabilidad y la inflación: King Kong

	1933	1976	2005
Recaudación	$42.140.000	$309.852.000	$550.500.000

Las diferencias se acortan: Peter Jackson solo recauda 13 veces más que la original y 1,7 veces más que la de la década de 1970.

Ya que hemos hecho todos estos cálculos, podríamos mirar cuál de las películas ha sido la más rentable, es decir, si pudieras viajar en el tiempo e invertir, por ejemplo, 1.000 dólares, ¿en cuál de las versiones lo harías?

La forma de calcularlo es sencilla: solo hay que dividir lo obtenido por lo invertido para saber cuántos dólares hubiéramos ganado invirtiendo 1.000 en cada una de las películas.

	1933	1976	2005
Presupuesto	$672.000	$24.000.000	$207.000.000
Recaudación	$2.800.000	$90.600.000	$550.500.000
Rentabilidad	316,67 %	277,50 %	165,94 %
	4,17	3,78	2,66
Invierto 1000 $	$4.166,67	$3.775,00	$2.659,42

Por cada dólar invertido en 1933 nos devolverían más de 4, casi 4 en 1976 y 2,7 en 2005; hay que decir que hacer una peli de *King Kong* parece siempre rentable, pero si tuviéramos que escoger, la mejor inversión fue la de 1933. Por cada 1.000 dólares te devuelven más de 4.000.

En resumen, la película de 1933 cuesta menos, se recupera más y, además, si hacemos caso a los usuarios de IMDB, y yo se lo hago, la película original es la mejor de las tres.

	1933	1976	2005
Nota IMDB	8/10	5,8/10	7,2/10

Cuando decidamos invertir es importante tener en cuenta el efecto negativo de la inflación, es decir, pongamos que realizamos un depósito en una entidad bancaria que nos ofrece el 2 % a 12 meses y la inflación se situara en el 3 %; al final de los 12 meses tendremos un poder adquisitivo menor que el año anterior, pues, aunque hayamos recibido un 2 %, con esto no superamos el incremento de los precios, es decir, con nuestro patrimonio podríamos comprar menos cosas que el año anterior.

12. La burbuja de los tulipanes

Me he pasado semanas pensando en buscar un personaje icónico del cine o de la televisión que pudiera ilustrar una burbuja financiera; he empezado cinco o seis historias, todas muy inverosímiles. Al final, he llegado a la conclusión de que explicar lo que es una burbuja financiera a través de lo que pasó en el siglo XVII en Holanda es más friki y mucho más fácil de recordar que utilizar a Buster Keaton en la década de 1920 o hacer viajar al pasado a Marty McFly.

La primera cosa que podemos destacar sobre una burbuja es que suele ocurrir en épocas de crecimiento en las que el dinero fluye.

En el siglo XVII, los Países Bajos eran una potencia comercial, la Compañía Neerlandesa de las Indias Orientales estaba en pleno apogeo, la pintura holandesa se encontraba en pleno siglo de oro y el gusto por las flores de los holandeses, especialmente por los exóticos tulipanes, estaba en auge.

Algunos de los tulipanes, al plantarlos en territorio holandés, cambiaron su coloración (ahora se sabe que a causa de una enfermedad), provocando más fervor. Tener tulipanes era un símbolo de bienestar y la pasión por obtener bulbos de especies cuanto más singulares mejor crecía. Por muy absurdo que pueda parecer, los holandeses se volvieron locos por poseer esta especie de cebolla que solo florece durante dos semanas al año. Está motivación fue *in crescendo* al ver que su precio subía.

La subida del precio es la principal característica de una burbuja: el bien sube por encima del que sería su valor esperado, lo que hace que cada vez haya mayor interés en comprar, por lo que el precio sube todavía más y más gente siente la llamada, en este caso, la llamada del tulipán, y entra en el juego.

Si en la década de 1990 los viajes de fin de curso se hacían a Ámsterdam para conocer los famosos *coffee shops*, 350 años antes el reclamo eran los tulipanes. No me imagino a estudiantes del siglo XVII con camisetas de Ámsterdam con un bulbo de colores, pero no habrían sido peores que las que traían los estudiantes de 3º de BUP cuando yo estudiaba.

Volvamos a nuestra historia. Mientras la joven de la perla, para muchos Scarlett Johansson, paseaba por Delft, en los mercados se vendían bulbos a precios absurdos, y cuando digo los mercados no me refiero solo a los mercados de las plazas de las ciudades, sino también a los mercados financieros, pues se llegó a crear un mercado de futuros donde la gente pagaba por bulbos que todavía no habían sido recolectados. En Holanda a esto se lo llamó *windhandel,* que significa especulación y, literalmente, negocio del aire. Posteriormente, el catálogo de bulbos entró a formar parte de la bolsa.

Se llegó al absurdo de cambiar la casa por un solo bulbo o pagar 15 años de un buen sueldo por otro bulbo. Los precios continuaban subiendo, todo el mundo ganaba y cada vez se pagaba más. A mediados la década de 1630 se llegaron a pagar 100.000 florines por 40 bulbos, cuando el salario medio anual era de 150 florines.

La población empezó a pedir créditos para comprar bulbos, todas las clases sociales se vieron inmiscuidas en la locura. Hasta que ocurrió lo inevitable, lo que sucede siempre que se produce una burbuja financiera: explotó.

La explosión de una burbuja, si esta es extensa como la de los tulipanes, acaba afectando a toda la población y suele ir acompañada de una crisis que se puede alargar en el tiempo. ¿Te suena?

Al final de la burbuja siempre hay algunos vencedores, los que vendieron justo antes de que explotara, y también muchos vencidos, los que lo perdieron todo y quedaron con deudas para toda la vida y, en general, toda la población, por la crisis que viene después de las burbujas.

Identificar una burbuja no es fácil, pero hay elementos que pueden ayudarnos. Por ejemplo, si el precio sube muy por encima de lo que lo hace la economía. O si vemos que todo el mundo te habla de ello, es decir, cuando todo el mundo se convierte en experto sobre el precio de la vivienda, las acciones de Terra, la evolución del bitcoin o similar, vende. Si alertas de que podríamos estar viviendo una burbuja y te dicen de todo, es que casi seguro estamos en una. Recuerdo cuando insinuaba que podría ser conveniente alquilar antes que comprar porque los precios de la vivienda parecían estar creciendo demasiado, la de veces que me dijeron: «¡La vivienda nunca baja!». Cuando hay una burbuja, los gobernantes suelen negarla, lo que puede ser otra pista, y el sector financiero suele invertir en la burbuja. La pista definitiva la tienes cuando tu cuñado te dice que eres un pringado porque podrías estar forrándote como él.

Lo malo de tener razón cuando hay una burbuja es que no te beneficia en nada, pues el tortazo que viene después afecta a todos y no te apetece mucho ir diciendo por ahí: «Yo ya lo decía».

Por lo que si un día inviertes en algo y luego sospechas que estás en una burbuja, recupera al menos tu capital invertido y, como mucho, deja en la inversión los beneficios que hasta el momento hubieras acumulado.

Parece mentira que la cuna de Rembrandt y Van Gogh, la del fútbol total o la de los *coffee shops* cayera en la que, para mí, es la burbuja más friki de la historia, después del Black Lotus de las *Magic*, claro.

13. La bolsa y *El lobo de Wall Street*

A las personas que estamos vinculadas al sector financiero es habitual que familiares, amigos y conocidos nos pregunten si subirá la bolsa o si es buen momento para invertir; los más avanzados incluso nos preguntan por uno u otro valor. Te lo preguntan con la misma inocencia que le preguntarían a un vidente sobre el número de la lotería de Navidad. Yo suelo decir que no soy adivino, de hecho, no soy experto en mercados y nunca aconsejo invertir en una cosa u otra, solo invito a reflexionar sobre las burbujas, sobre la inversión a largo plazo o sobre las finanzas socialmente responsables como vehículo de inversión. También animo a conocer cómo funciona la bolsa y cuáles son sus funciones, pues mucha gente piensa que se trata de una especie de casino, en el mejor de los casos, o de un lugar en el que se conspira para acabar con el bienestar social. Películas como *El lobo de Wall Street* ayudan a que tengamos esa imagen, aunque teniendo en cuenta que lo que explica la película es cierto, su reputación actual queda, en parte, justificada.

Cuando Jordan Belfort, interpretado por un excelente Leonardo di Caprio, quiere convertirse en corredor de bolsa, ya tiene claro que quiere ser y vivir como un millonario. Para él eso implica acostarse con prostitutas varias veces por semana, consumir drogas todos los días, casarse con una modelo y conducir un Ferrari. Para ser agente o corredor de bolsa hace falta adquirir conocimientos financieros que te permitan aprobar el examen para poder operar en los mercados. Hacen de intermediarios entre compradores y vendedores, realizando las operaciones, normalmente, a cambio de un porcentaje del montante negociado.

Jordan Belfort debutó en el peor día de la década de 1980, pues empezó a trabajar el 19 de octubre de 1987; ese día la bolsa se hundió y la empresa en la que trabajaba cerró. Encontró enseguida trabajo en una nueva agencia, en la que empezó a destacar vendiendo acciones que no valían nada a todo tipo de inversores sin cultura financiera. Un día, hablando con su compañero de trabajo Donnie Azoff deciden independizarse montando su propia agencia y empiezan a contratar a todo tipo de vendedores, ya fueran de marihuana, neumáticos o comida, sin importarles que no tuvieran ni la más remota idea sobre los mercados financieros; eso no representaba un problema, pues el objetivo era vender valores a gente sin conocimientos financieros y normalmente con un patrimonio modesto. Más adelante, ya como Stratton Oakmon, capta a grandes fortunas para, una vez ganada su confianza, venderles acciones que no valen nada consiguiendo, a cambio, grandes comisiones.

A base de engañar a los clientes consigue facturar mil millones de dólares y aparece en la revista *Forbes* bajo el apodo del Lobo de Wall Street. Max, su padre, es contratado como contable, y cuando descubre la fortuna que gastan en prostitutas pagadas con las tarjetas Visa de la empresa, regaña a su hijo. Este, en lugar de dedicar el dinero a otros menesteres, decide esconder esos gastos a su padre.

Pronto su fama crece y el FBI se fija en él intentando encausarlo por engañar a los clientes. Él decide esconder el dinero en Suiza utilizando a una vieja tía suya como pantalla protectora. Continúa viviendo una incesante bacanal de sexo, alcohol y todo tipo de drogas; el descontrol es tan grande que la empresa decide prohibir las relaciones sexuales en la oficina. El personaje sigue ganando dinero, sigue engañando a la gente y su vida empieza a desmoronarse: problemas con la justicia, su mujer le pide el divorcio, intentos de pacto con el FBI que acaban con tres años de cárcel y el cierre de Stratton Oakmon.

Al salir de la cárcel, Belfort escribió el libro que sirvió para que Scorsese se luciera con una estupenda película y hoy en día se dedica a dar conferencias por medio planeta.

La imagen que nos queda sobre Wall Street después de ver la película protagonizada por Di Caprio es la del casino del que hablábamos al inicio, o peor, un casino en el que la gente humilde, honrada, sin cultura financiera pero ambiciosa en cuanto a su dinero pierde sus ahorros a costa de un puñado de depravados que solo aspiran a acumular y acumular dinero para gastar en sus vicios. Pero ¿es esa la función de la bolsa?

La bolsa tiene otra función: la de permitir que las empresas se financien a través de la captación de capital, ya sea emitiendo acciones o deuda. Mediante el dinero captado podrán llevar a cabo sus proyectos e inversiones. Emitir deuda o acciones les permite no depender exclusivamente de los préstamos que puedan hacerles los bancos.

Si Jordan Belfort hubiera buscado empresas con proyectos interesantes y hubiera vendido sus acciones o sus obligaciones (títulos de deuda) a ahorradores e inversores, explicando los posibles riesgos que eso supone y las oportunidades reales de conseguir cierta rentabilidad, seguramente no habría podido financiarse la vida de lujo y vicio que llevó, pero miles de personas no habrían perdido su dinero, él no habría acabado en la cárcel y la película *El lobo de Wall Street*, en lugar de ser una historia real, habría sido una historia de ficción.

Pero ¿qué es lo que hace atractivo a un inversor colocar su capital en la bolsa? La respuesta es sencilla: obtener una remuneración a través del llamado dividendo (parte del beneficio que se reparte entre los accionistas de una compañía), en el caso de haber comprado acciones, o a través del cupón (el tipo de interés pactado a cambio de prestar el dinero), en caso de haber comprado obligaciones, así como la perspectiva de que el activo financiero pueda revalorizarse consiguiendo una plusvalía. En resumen, obtener una rentabilidad periódica por su inversión más las ganancias que le pueda generar el aumento del precio de los títulos comprados. Las personas que invierten en la bolsa suelen ambicionar más de lo que les ofrece un depósito; si a esta ambición le sumamos la falta de cultura financiera, el resultado es que muchos acaban tomando más riesgos de los que se pueden soportar y a veces a través de personas o instituciones poco honradas.

Por tanto, la función de la bolsa es la de poner en contacto a las empresas que necesitan capital con los inversores que están dispuestos a prestárselo.

A veces el que necesita financiarse a través de los mercados es el Estado, que puede emitir deuda ofreciendo a los inversores un interés a cambio. Más adelante veremos que otra forma de financiación que tienen los Estados son los impuestos.

Otra función de la bolsa es la de dar liquidez, es decir, si tu madre compró acciones de Telefónica hace veinte años y hoy necesitara venderlas, a través de la bolsa podrá hacerlo de forma casi inmediata cruzando su orden de venta con la de alguien que quiera comprar en ese momento. Estas acciones habrán subido o bajado. La explicación sobre una subida o bajada de la bolsa o de un valor en concreto es muy fácil de hacer *a posteriori*, de hecho, siempre encontraremos a un experto que nos explicará por qué ha ocurrido una u otra cosa. La respuesta en realidad es muy sencilla: los valores suben cuando hay más gente dispuesta a pagar un precio más alto y baja cuando sucede lo contrario. Podemos encontrar factores objetivos por los que la bolsa debería subir (bajan los tipos de interés y la gente decide invertir para conseguir más rentabilidad, los índices de confianza suben, los resultados empresariales son mejor de lo esperado, etcétera) y también por los que debería bajar (suben los tipos de interés, se reduce el consumo, los indicadores avanzados son negativos, etcétera). La realidad es que la bolsa puede subir o bajar según lo que las personas estén dispuestas a pagar/cobrar por comprar/vender sus valores.

La bolsa también permite protegerse, pues podemos negociar productos financieros que nos posibiliten cubrir posibles bajadas de los valores de nuestra cartera o acceder a valores vinculados a índices que nos ayuden a diversificarla al máximo.

La bolsa tiene estas funciones, pero, obviamente, su funcionamiento permite que avariciosos sin escrúpulos, igual que ocurre en todos los campos, aprovechen la confianza de sus clientes para vender y colocar productos con los que van a perder su dinero. Una versión adulterada de Robin Hood en la que se roba a quien se puede para dárselo a uno mismo.

Si quieres invertir en la bolsa, ten en cuenta alguna de las cosas que hemos aprendido: diversificar como Forrest Gump, dormir tranquilo como Francesca de los puentes de Madison y aprovechar el interés compuesto como la princesa Leia. Si vas a invertir a corto plazo, es decir, a especular, ten en cuenta que hay lobos al acecho.

14.
Los impuestos y Robin Hood

Cuando se acercan elecciones los políticos acostumbran a prometer que nos bajarán los impuestos. Cuando hacen esa promesa siempre me viene a la cabeza este sencillo presupuesto:

Ingresos	Gastos
Impuestos	Sanidad
Venta de patrimonio	Educación
Endeudamiento	Infraestructuras
	Prestaciones
	Otros

Si con los impuestos se pagan los servicios que presta el Estado, si rebajamos los impuestos habrá que recortar esos servicios, vender patrimonio o pedir prestado. Sí, de acuerdo, es una burda simplificación, pero para no complicarlo nos sirve como punto de partida.

Un impuesto es un tributo que se paga a la Administración sin recibir, directamente, nada a cambio, Y sirve para que la Administración pueda hacer frente a sus gastos.

Vuelvo a los políticos. Como decíamos, prometen que bajarán impuestos ya que saben que eso les dará votos, porque no hay nada tan impopular como subir los impuestos. Cuando, además, se dan casos de corrupción, la sociedad todavía tiene menos ganas de pagar impuestos, y si se generalizan la evasión y el fraude fiscal, los gastos se hacen inasumibles para la Administración, con lo que recortar impuestos suele ayudar poco a su mantenimiento. A veces incluso prometen algo peor: servicios y prestaciones que hasta ahora no existen sin explicar de dónde van a sacar el dinero para pagarlos.

Los impuestos siempre han sido mal vistos. El hecho de que durante parte de la historia de la humanidad fuera algo que cobraran los ricos a los pobres tampoco ha ayudado mucho a su aceptación.

Una de las películas que más veces vi de niño fue una de las preferidas de mi abuelo: *Robin de los bosques* o, como se podía leer en los títulos de crédito al inicio de la película, *The adventures of Robin Hood.* Hablo de la buena, la de Errol Flynn de 1938 dirigida por Michael Curtiz, no confundir con la de Kevin Costner de 1991. Aquella película me fascinaba, Robin Hood era un héroe que robaba a los ricos para dárselo a los pobres. Aunque no te lo parezca, los impuestos desempeñan un gran papel en esta historia, pues, si recuerdas, Juan Sin Tierra ha ocupado el trono tras la desaparición de su hermano, el rey Ricardo Corazón de León, que ha sido capturado y hecho prisionero en Austria. De hecho, Juan utiliza la excusa del pago de un supuesto rescate de su hermano para introducir nuevos impuestos a los que los más pobres no pueden hacer frente.

Un campesino desesperado mata a un ciervo para tener algo de comer, pero en el bosque de Sherwood esta acción está penada con la muerte. Un funcionario del rey Juan intenta detener al campesino, pero Robert de Locksley, un caballero que no acepta la autoridad de Juan, se lo impide.

Robert de Locksley utilizará a partir de ahora la identidad de Robin Hood y junto a una banda de proscritos luchará contra el *sheriff* de Nottingham, el recaudador de impuestos del rey Juan Sin Tierra. Como no podía ser de otra manera, el malo de la película es el que recauda impuestos. Aunque si lo miramos bien, lo que hace Robin Hood, a su manera, también es una recaudación de impuestos, pero en este caso lo que hace es quitar parte de lo que tienen los ricos para dárselo a los pobres.

La función principal de los impuestos es la que hemos comentado al inicio: recaudar dinero para que la Administración pueda atender sus gastos. Pero, bajo mi punto de vista, no es la única. También es importante la función de redistribuir la renta, no como lo hacían el rey Juan y el temible *sheriff* de Nottingham, más bien al contrario: cobrando impuestos a las rentas más altas para dar servicios a los más desfavorecidos. Hoy en día tienen una tercera función: penalizar comportamientos que se consideran negativos, por ejemplo, el impuesto sobre el tabaco, las bebidas alcohólicas o sobre productos que contaminan. En la época en la que se ambienta Robin Hood, los impuestos sirven, básicamente, para pagar a funcionarios que están al servicio del rey, pagar los lujos de este y las guerras que declara. En esos tiempos, más que ayudar a distribuir mejor o más equitativamente la renta, ocurría casi lo contrario.

Los impuestos se pueden dividir en dos grandes grupos: los directos y los indirectos. Los impuestos directos son aquellos que se aplican al contribuyente por la obtención de un beneficio o renta. Por ejemplo, si en el condado de Sherwood el rey estableciera un impuesto sobre las cosechas, en el que por los 100 primeros kilos de hortalizas se quedara el 10 %, por los 100 siguientes un 15 % y a partir de 200 kilos un 25 %, estaríamos hablando de un impuesto directo y progresivo. El equivalente actual podría ser el de la renta o el de sucesiones. Por ejemplo, hoy en día si un trabajador gana 24.000 euros trabajando, pagará menos, tanto en montante como en porcentaje, que uno que gane 50.000 euros. O alguien que herede un millón de euros pagará más que alguien que herede 200.000 euros. También es un impuesto directo lo que se paga por las ganancias obtenidas de nuestras inversiones o ahorro. Ahora bien, se da la paradoja en algunos países, España entre ellos, de que si uno obtiene 60.000 euros trabajando, pagará mucho más que alguien que obtenga esa misma cantidad derivado de los intereses o dividendos que le produzcan sus ahorros. Warren Buffett, un reconocido inversor a largo plazo y uno de los hombres más ricos del planeta, explicó en una entrevista en la revista *Forbes:* «No hay nadie en la oficina, desde la recepcionista para arriba, que pague un tipo fiscal más bajo que yo, y yo no tengo ningún planeamiento fiscal, no tengo contables ni recurro a refugios fiscales, me limito a cumplir lo que el Congreso de los Estados Unidos me dice que haga». Él paga el 17,7 % de sus ingresos, frente al 32,9 % de media que paga su personal de oficina. Robin Hood no estaría muy satisfecho.

El otro gran grupo de impuestos son los indirectos. Son impuestos que normalmente gravan el consumo y que paga todo el mundo por igual, independientemente del nivel de ingresos o riqueza de cada uno. Volvamos a Sherwood e imaginemos que en lugar de prohibir la caza de ciervos, el rey hubiera establecido 3 monedas de oro por ciervo cazado. Esta cantidad la pagarían por igual el humilde campesino que el poderoso caballero, sin importar la situación, la riqueza o los ingresos que tuvieran uno u otro; este sería un sencillo ejemplo de impuesto indirecto. En la actualidad, el impuesto indirecto más importante en Europa es el IVA, que grava el consumo y va del 27 % que se paga en Hungría al 15 % que se paga en Luxemburgo. En España, podemos diferenciar tres tipos de IVA: el general (aplicable a casi todos los productos), el reducido (que se aplica mayormente para hostelería, alimentos y transportes) y el superreducido (que se aplica a productos de primera necesidad, como, por ejemplo, la fruta, las legumbres, la leche o las medicinas).

Vuelvo al inicio del capítulo. Cuando los políticos nos prometen bajadas de impuestos, pueden hacerlo de dos formas: bajando los directos o bajando los indirectos.

Cuando esto ocurre, los políticos esperan que el dinero de más que queda en los bolsillos de los contribuyentes circulará, hará crecer la economía y se generará más recaudación gracias a ello. Es una explicación discutible, pero, en el caso de ocurrir, esa consecuencia no es inmediata, por lo que, de entrada, cuando se reducen los impuestos también será necesario recortar gastos, incrementar el endeudamiento o vender patrimonio. Bien, todavía podríamos hacer una cosa más que ayudaría a mejorar los ingresos: reducir el fraude fiscal.

Si en los bosques de Sherwood el campesino que ha recogido 80 kilos de patatas y tiene que pagar un 10 % (8 kilos de patatas) declara que solo ha recogido 40 kilos, se ahorra pagar un 50 % del impuesto. De la misma forma, si un grupo de cazadores consigue hacerse con diez ciervos y les toca pagar 3 monedas de oro por cada uno (30 en total), pero decide declarar que solo ha cazado siete, se ahorrará 9 monedas de oro. Esas 9 monedas de oro y esos 40 kilos de patatas generarán un desajuste en el presupuesto del reino que obligará a que el resto de los ciudadanos paguen más o a que se gaste menos.

En la sociedad actual el fraude fiscal es muy común y causa graves estragos en las finanzas de nuestras administraciones. Algunos ejemplos de fraude tributario en el caso de impuestos directos podrían ser: declarar menos de lo que se gana, esconder patrimonio en paraísos fiscales, desgravarse conceptos a los que no tenemos derecho, etcétera, y en el caso de los impuestos indirectos, el más habitual hace referencia a la gestión del IVA: pedir facturas sin IVA o desgravar conceptos que no nos corresponden. Todos tenemos algún conocido que se queda el recibo de la cena de un grupo de amigos o el que se compra una buena cámara de fotos para su uso personal y se jacta de que le ha costado no sé cuántos euros menos porque lo ha contabilizado como gasto profesional.

La picaresca en el fraude, por suerte, cada vez está más mal vista y cada vez somos más conscientes de que el fraude es perverso en varios sentidos: reduce los recursos para hacer frente a los gastos que tenemos como sociedad, hace que los que sí pagan tengan que pagar aún más y puede ocurrir que personas con derecho a ayudas o becas se vean privadas de ellas por dárselas a personas que mienten sobre sus ingresos.

Volviendo al cine, nuestro Robin Hood conquista a *lady* Marian (Olivia de Havilland) de las manos de un partidario del rey usurpador y acaba consiguiendo que el trono del reino sea ocupado por Ricardo Corazón de León.

Hoy en día Robin Hood sería recaudador de impuestos y con una fiscalidad justa conseguiría que se pudieran cubrir los servicios necesarios y que hubiera una aceptable redistribución de la renta sin disparar ni una sola flecha.

La próxima vez que después de la cena para comentar la última de Tarantino un amigo te pida quedarse con el recibo para pasarlo como gasto, acuérdate del mismo presupuesto que yo tengo presente cada vez que los políticos me piden el voto a cambio de bajarme los impuestos:

Ingresos	Gastos
Impuestos	Sanidad
Venta de patrimonio	Educación
Endeudamiento	Infraestructuras
	Prestaciones
	Otros

15. La lotería y *Lost*

4, 8, 15, 16, 23 y 42. Si fuiste fan de *Lost*, estos números te serán familiares, a lo mejor hasta tienes en el armario una camiseta de la Iniciativa Dharma con su símbolo y los famosos números.

Suelo explicar que un profesor de cálculo me dijo una vez: «La lotería es un impuesto voluntario que los matemáticos no pagamos». Para alguien racional como un matemático esa frase tiene mucho sentido, ya que las probabilidades de que sacando 6 números de entre los 49 salgan los 6 de *Lost* es de una entre casi 14 millones. Es decir, es casi tan improbable como entender el capítulo final de la serie. O, para que te hagas una idea, es más fácil que te caiga un rayo (una entre tres millones); incluso algunos dicen que es todavía más fácil que te caiga un meteorito en la cabeza, lo que pongo en duda, ya que solo hay dos casos documentados de muertes por meteorito, dinosaurios aparte.

La primera vez que vimos los números en la serie fue en el capítulo «Numbers» en el que Hurley gana la lotería jugando con estos números, más tarde sabremos que esos números los aprendió en el centro psiquiátrico en el que se encontraba ingresado a través de otro interno que los había escuchado en el Pacífico cuando estaba enrolado en la Marina. Después de ganar la lotería, Hurley llega a la conclusión de que los números estaban malditos, y la verdad es que no me extraña teniendo en cuenta que su abuelo murió dando una entrevista para la televisión. Durante su funeral, al sacerdote le cayó un rayo; posteriormente, le compró una casa a su madre, que se incendió; luego cayó un meteorito en el restaurante que adquirió y, paralelamente, sufrió un nuevo incendio, en este caso en una fábrica de zapatillas deportivas que había comprado para diversificar sus inversiones.

A todo eso deberemos sumarle que subió al Ocean 815 que se estrelló en una isla desierta, disculpad el *spoiler*, pero es el capítulo 1 de la primera temporada de *Lost*.

Pero ¿qué llevó a Hurley a gastar parte de su sueldo en un billete de lotería? Probablemente lo que Jorge Wagensberg, en su magnífico libro *Teoría de la creatividad*, define como el efecto palanca. Wagensberg explica que algunos avances de nuestros antepasados se produjeron gracias a conseguir grandes recompensas con poco esfuerzo. Pone como ejemplo cuando un *Australopithecus afarensis* (un antepasado nuestro) decidió ponerse de pie, lo hizo con muy poco esfuerzo, pero a cambio obtuvo una recompensa inmensa: ver desde lejos a sus depredadores pudiendo ponerse a salvo antes. Este mismo efecto palanca es el que nos proporciona placer cuando le damos gas a una moto y esta acelera o cuando le damos una patada a un balón y este avanza unos metros; pequeño esfuerzo, gran recompensa.

Me atrevo a sugerir que Hurley piensa que sentirá una satisfacción parecida cuando destina un dólar a una combinación con los famosos números de la isla. Le viene a la cabeza lo que podrá obtener si salen sus números.

Un dólar parece poco, pero si uno va sumando el dinero que va jugando en diferentes juegos de azar al final del año, resulta que habremos gastado una cantidad razonable. En España, según un estudio de la OCU, cada adulto se gasta una media de 450 euros en juego. El 97 % de los mayores de 18 años ha jugado el último año y hay sorteos muy conocidos, como, por ejemplo, el de Navidad, en el que juegan 9 de cada 10 españoles. Es una cantidad de dinero inmensa que raramente estaríamos dispuestos a gastar en otra cosa.

Jugárselo todo a una carta tiene mucho riesgo, ya lo aprendimos en el capítulo de Forrest Gump, por lo que en el caso de la lotería y con las probabilidades tan bajas que hemos visto al inicio del capítulo, todavía parece más absurdo intentar acertar una posibilidad entre tantos millones. Ahora que conocemos el interés compuesto, el riesgo y la diversificación, quizás podríamos pensar en invertir lo que gastamos en lotería en hacer un regalo a nuestro yo futuro.

Imaginemos que los casi 40 euros mensuales que gasta un español adulto en azar los invertimos desde los 18 años hasta los 67. Como es dinero que «tirábamos» en lotería, lo invertimos arriesgando y obteniendo un 8 % anual. Gracias al interés compuesto, tendremos al jubilarnos 300.000 euros extras. No parece un mal premio de lotería. Si se lo hubiéramos propuesto a Hurley el día que ganó 156 millones de dólares, seguramente se habría reído de esta idea, pero si se lo hubiéramos preguntado unos meses después, cuando llegó a la conclusión de que los números estaban malditos, nos habría dado la razón. En cualquier caso, seguiremos jugando a la lotería, porque desde que nos pusimos de pie en una sabana africana preferimos la pequeña posibilidad de ganar hoy millones a la de tener la seguridad de ganar unos cientos de miles en el futuro.

En el caso de que decidamos seguir jugando y un día nos toque la lotería, deberemos tener en cuenta algunas cosas. Por ejemplo, fiscalmente, en España, los premios de más de 3.000 euros tributan al 20 %: es un impuesto indirecto, pagas el 20 % tanto ganes 5.000 euros como 4 millones. Por otro lado, anualmente deberás realizar tu declaración de patrimonio y pagar según lo que tengas: es un impuesto directo. Si tienes deudas, cancelarlas puede ser una buena idea y luego diversificar el dinero, no solo en activos, sino también en las entidades donde lo tengas; no lo pongas todo en el mismo banco. Repartir el premio con tus seres allegados y las personas más necesitadas no te ayudará en nada financieramente, pero te hará sentir muy bien y estarás ayudando a hacer un mundo mejor. En las finanzas se habla de distintos tipos de rendimiento; el económico es sobre el que solemos hablar, pero también existe el rendimiento emocional: uno se siente bien dando dinero o invirtiendo responsablemente o incluso puede sentirse el más entendido por haber comprado bitcoins.

Alerta *spoiler*: Hurley, después de muchos periplos, acabó siendo el protector de la isla, pero seguramente aprendió que ganar la lotería no es lo mejor que te puede pasar en la vida.

16. La planificación financiera de Tony Soprano

Cuando buscamos una vivienda, ya sea de alquiler o de compra, lo hacemos teniendo en cuenta una serie de aspectos sobre nuestra vida: dónde trabajamos, si tenemos hijos o pensamos tenerlos en un futuro, qué edad tenemos, dónde viven nuestros seres más allegados, cuánto podemos pagar, etcétera. Cada uno de estos aspectos nos condicionará a la hora de escoger dónde vivir, cuántas habitaciones necesitamos, si hace falta que tenga ascensor y muchas otras características que van ayudando a cerrar el círculo para acabar eligiendo la vivienda que más nos conviene.

En finanzas, esto no solemos hacerlo. Por ejemplo, hemos ahorrado 10.000 euros y los mantenemos en un depósito o en un fondo de inversión que nos han recomendado en nuestro banco sin ni siquiera haber pensado cuándo o para qué vamos a necesitar ese dinero. Es decir, sin tener un objetivo financiero concreto, normalmente porque ni siquiera nos planteamos cuáles son nuestros objetivos vitales.

Si te gustan los libros, *podcasts* o blogs de desarrollo personal, seguramente conocerás alguna de las preguntas que uno puede hacerse para conocerse mejor y saber qué es lo que le gustaría hacer, ser o sentir en esta vida. Te propongo algunas que, reflexionadas con un poco de tiempo y sinceridad con uno mismo, pueden ayudarte:

- ¿Qué harías si no tuvieras miedo a que saliera mal?
- ¿Qué harías si tuvieras recursos financieros ilimitados?
- ¿Qué harías si te comunicaran que te quedan 5 años de vida?
- ¿Y si te quedaran 6 meses?
- ¿Cómo te gustaría que te recordaran tus seres queridos?
- ¿Qué te gustaría decir de ti mismo cuando cumplas los 80 años?

No son preguntas sencillas y debes estar pensando que no pintan nada en un libro de finanzas, pero yo creo que son muy pertinentes, pues al igual que cuando pensamos en nuestra vivienda tenemos en cuenta nuestra situación personal, cuando hablamos de finanzas deberíamos hacer lo mismo.

Saber lo que queremos hacer en la vida nos ayudará a tomar decisiones personales y también financieras que sean coherentes con nuestros objetivos vitales. Por ejemplo: si estoy acabando una carrera universitaria y mi sueño es vivir un tiempo en los cinco continentes, quizás me convenga alquilar una vivienda aunque mi entorno, mi banco y mi ministro de Economía me estén bombardeando sobre la posibilidad de que las casas vayan a revalorizarse. En cambio, si soy un enamorado del pueblo donde he nacido y crecido, tengo un trabajo estable en él y mi previsión es vivir toda la vida aquí, pues quizás me convenga plantearme la posibilidad de comprar el hogar donde voy a vivir.

El de la vivienda es un ejemplo bastante claro, pero a lo largo de la vida vamos a ir tomando decisiones y muchas de ellas tendrán que ver con el dinero, así que intentar que estas sean lo más coherente posible con lo que realmente deseamos nos acercará más a nuestros objetivos. Definir los objetivos y desarrollar una estrategia para alcanzarlos es lo que conocemos como planificación financiera. ¿Te acuerdas de Tony Soprano? Es el protagonista de una de mis series favoritas. Si no la has visto, ya puedes abonarte a HBO y empezar a verla. Como hemos ido haciendo en el transcurso del libro, voy a hacer un poco de *spoiler*.

En el capítulo piloto de *Los Soprano* nos presentan a Tony, un mafioso de Nueva Jersey casado con Carmela y con dos hijos que tiene problemas con su madre Livia, una persona autoritaria que piensa que Tony nunca estará a la altura de su padre. También tiene sus controversias con su tío Junior, que está a punto de acabar con la reputación de un restaurante propiedad de un amigo de Tony. De entrada, Tony nos parece un hombre feliz, lo vemos bañarse con una familia de patos que viven en su piscina, los adora, incluso les ha construido una rampa para que puedan entrar y salir del agua con facilidad. En una escena del episodio, los patos empiezan a volar y se van y a nuestro protagonista le da un ataque de ansiedad y se desmaya.

Tony Soprano, un capo de la mafia italiana en Nueva Jersey, empieza a frecuentar una psiquiatra, la doctora Jennifer Melfi. Hasta aquí lo que sucede en la serie, a partir de este punto vamos a cambiar el argumento para conocer los objetivos vitales y financieros de Tony Soprano de la mano de otra Melfi, la asesora financiera Winona Melfi, hermana de Jennifer.

Al finalizar la primera visita con su psiquiatra, una visita que evidentemente ha hecho a escondidas, ya que en su ramo no está muy bien visto que el jefe sufra ataques de ansiedad, y mucho menos que hable de su vida con una psiquiatra, la doctora Melfi le comenta que quizás la partida de los patos le ha afectado tanto porque simboliza el vuelo que él quisiera hacer. Él se enfada, se levanta y se marcha después de un sonoro portazo. De camino al Bada Bing empieza a reflexionar sobre la interpretación que la psiquiatra ha hecho sobre el episodio de los patos y se da cuenta de que en parte tiene razón. Él no es feliz haciendo de mafioso, no porque esté mal o por dilemas morales, sino porque se da cuenta de que lo está haciendo solo porque es lo que su madre espera de él: que se convierta y se comporte como un digno sucesor de su padre. Cuando está a punto de llegar, decide dar media vuelta e ir a ver a su madre. Ella lo recibe malhumorada, está enfadada desde el día en que Tony le propuso ingresar en una residencia de lujo. Él se sienta a su lado, la mira y le dice: «*Mamma*, yo hubiera sido más feliz haciendo cualquier tipo de trabajo en Nápoles». Su madre lo mira con desprecio y le suelta: «Hijo, en Nápoles no durarías ni una semana». Tony le da un beso en la frente y se marcha decepcionado.

A la semana siguiente vuelve a visitar a la doctora, se disculpa y le dice que tiene razón, que él quisiera llevar otra vida, pero no tiene ni las agallas ni el dinero suficiente para hacerlo. Jennifer le dice que ella lo ayudará a encontrar sus fortalezas para conseguir ese cambio que él desea y que, además, puede presentarle a su hermana, Winona Melfi, experta en planificación financiera, que lo podría ayudar a hacer realidad sus objetivos financieros. Tony recela, si el origen de sus ingresos se hiciera público, pasaría un buen periodo bajo rejas, pero ella le dice que de la misma forma que como psiquiatra guarda secreto profesional, su hermana hará lo mismo sobre sus finanzas. Acuerdan una cita y en breve acude a verla.

Winona Melfi es idéntica a su hermana Jennifer. Más adelante, Tony llega a sospechar que son la misma persona, pero esta parte de la trama vamos a obviarla. El primer día que se ven, Winona le pregunta a Tony cuáles son sus objetivos financieros; este no sabe qué contestar y Winona empieza explicándole para qué sirve la planificación financiera: «La planificación financiera nos ayuda a alcanzar aquello que queremos lograr y que lleva asociado recursos económicos, por ejemplo, ir a vivir a la otra punta del planeta o tener una vivienda en la que vivir. Es decir, es el proceso en el que tomamos conciencia de nuestra situación financiera, nos marcamos metas y ponemos en marcha estrategias para lograrlas». Tony le cuenta a Winona que su situación financiera actual es buena en el sentido de que no le falta de nada, pero que quisiera dar un cambio a su vida y para ello hay una serie de metas u objetivos que querría dejar bien ligados antes de tomar el riesgo de abandonar su fuente de ingresos actual, que prefiere no revelar.

Winona le pide a Tony que se tome unos días y haga una lista de objetivos que impliquen dinero que quiera llevar a cabo de hoy en adelante, ya sean objetivos personales, familiares o de negocio, en el caso de que esté pensando en emprender. Tony sale de la consulta muy motivado, sigue ejerciendo de mafioso con la misma dureza que hasta el momento, pero dedica parte de su tiempo a elaborar la lista que la hermana de su psiquiatra le ha pedido.

A la semana siguiente visita a las dos hermanas Melfi, siempre por separado; ellas no acceden a hacer una visita conjunta que él cree que le ayudaría mucho. Su ansiedad se ha reducido, en consecuencia, le rebajan la medicación. Por lo que hace a sus finanzas, se presenta a Winona con los deberes hechos; estos son sus objetivos:

- Conseguir que la *mamma* Soprano pueda vivir en la residencia hasta el final de sus días sin dificultades económicas.
- Pagar la universidad a sus dos hijos, Meadow y Anthony Soprano Jr.
- Pagar un tratamiento para dejar las drogas a su sobrino Christopher Moltisanti.
- Comprar una casa en las afueras de Nápoles.
- Montar una pizzería en el centro de Nápoles.

Winona felicita a Tony. No está nada mal, parece que tiene objetivos financieros muy claros y lo felicita también por tener tan claros sus objetivos vitales. Está claro que quiere irse a Nápoles y empezar de cero, pero sin dejar a nadie en la estacada.

Winona vuelve a ponerle deberes para seguir avanzando en su planificación financiera. Para la siguiente semana debe traer un balance que les permitirá calcular su patrimonio financiero (activos menos pasivos) y un calendario aproximado para cada uno de sus objetivos.

Esta es una semana dura para Tony; rompe con su amante, Irina Peltsin, que no tiene lugar en su nueva vida. Ella se lo toma muy mal y amenaza con hablar con Carmela. No parece muy buena idea amenazar a un mafioso. Por lo demás, Tony tiene rifirrafes con su tío Junior y, para más inri, su madre se pone de lado de este. Cada vez está más convencido de lo que quiere hacer en el futuro o, mejor dicho, lo que no quiere hacer.

Llega el día de su encuentro con Winona, que es ya uno de sus momentos preferidos de la semana, pues allí puede olvidarse de los problemas de su trabajo, de las riñas con su madre y empezar a soñar en cambiar cosas de su vida. Su patrimonio es más sencillo de lo que podía parecer: una casa en propiedad, un yate y unos pocos miles de dólares. Sus deudas son todavía más sencillas: solo debe el préstamo del coche que compró meses atrás.

Referente al calendario, quiere ingresar a su madre cuanto antes y calcula que vivirá otros veinte años. Sus hijos irán a la universidad en cinco y ocho años aproximadamente. A Christopher quiere ingresarlo también lo antes posible, antes de que una sobredosis se lo lleve al otro mundo, y lo de Nápoles lo querría hacer en breve, quizás una vez ingresados a su madre y a su sobrino, y una vez que haya acabado el curso escolar.

Winona vuelve a felicitar a Tony. Se lo está tomando muy en serio y, además, visto su patrimonio, no parece difícil conseguir cumplir sus objetivos.

De entrada, la recomendación de Winona es que venda la casa de su madre e invierta lo obtenido para ir rescatando cada mes el dinero necesario para pagar la residencia. Hacen cálculos y les da para diecisiete años. Deciden que lo más sensato será llevar a cabo la operación y, según cómo vayan las inversiones, ver si se puede alargar la estancia unos años o si llegado el momento se toma algún tipo de decisión (me refiero a cambiarla de residencia o llevarla a casa; son mafiosos, pero también italianos, por lo que aman a sus madres).

El tratamiento para dejar limpio a Christopher va a costar 35.000 dólares que Tony puede permitirse. Va a ser más problemático que reconozca su problema y permita el ingreso que no pagarlo, un poco como el caso de su madre.

Referente a la universidad de sus hijos, van a poner en marcha un plan de ahorro para cada uno de ellos. Winona le calcula las cantidades que deberá aportar mensualmente para tener el dinero disponible en el momento en que empiecen la universidad. Por otro lado, le hace una simulación de lo que habría tenido que ingresar en el caso de que hubiera empezado a hacerlo cuando nacieron sus hijos. Tony no conocía todavía la fuerza del interés compuesto, pero tú, que ya has leído el caso de Luke y Leia, sabes que cuanto antes empieces a ahorrar, menos esfuerzo deberás realizar.

Sobre la casa en Nápoles, ni Winona ni Tony tienen idea de lo que puede costar y deciden hacer una búsqueda en la red para ver por dónde se mueven los precios. Se sorprenden al ver que son más caros que en Nueva Jersey. Winona le propone que de momento busquen un buen piso en la ciudad, así ahorrarán en transporte, y más adelante, según cómo vaya el negocio, se planteen trasladarse a las afueras. Otra posibilidad es que alquilen la casa en lugar de comprarla. Tony, pensando en Carmela, a quien, por cierto, todavía no ha contado nada de sus planes, cree que lo mejor será alquilar la casa, ya que ella valora mucho tener espacio. Winona observa el valor del yate y de la casa de Nueva Jersey y calcula que será suficiente para poner en marcha la pizzería y asegurarse, al menos, unos diez años de alquiler de una buena casa en las afueras de Nápoles.

Por último queda el tema del coche; Tony, en un acto de generosidad, le dice a su asesora que lo regalará a su hermana y cancelará la deuda.

Nuestro protagonista sale de la consulta muy contento. Ve que lo que unas semanas atrás parecía imposible empieza a tomar forma. Ha llegado el momento de hablar con su familia. Decide salir a cenar con Carmela y los niños al restaurante Il Vesubio. Durante la cena, los niños le hacen notar que lleva semanas sin regañarlos y que se lo ve muy contento; Carmela también agradece la nueva actitud de su marido.

Tony aprovecha el guante para contar su plan de trasladar la familia a Nápoles una vez acabado el curso escolar y solucionado el tema de la abuela. A medida que va detallando su idea, las caras de su mujer y sus hijos van cambiando, y cuando acaba, todos están en silencio. Meadow es la primera en hablar, le dice a su padre que cómo puede estar hablando en serio, qué hará sin sus amigas en Nápoles, y le suelta: «¡Si ni siquiera hablamos italiano!». Medio restaurante se gira. Carmela tiene los ojos humedecidos, una lágrima cae por su mejilla, mira a Tony y le pregunta si está seguro, le recuerda que tienen una buena vida aquí y le dice que no sabe nada de *pizzas*. En el fondo, ella cree que alejar a su marido de Livia, Junior y, sobre todo, de Irina los ayudará a mejorar su relación. Anthony Jr. mira a su padre y le pregunta si puede pedir un postre.

Cuando llegan a casa, Tony se pone un wéstern, se sienta en su butaca preferida y piensa en que no ha ido tan mal como pensaba.

Al día siguiente va a ver a su madre con un agente inmobiliario y la informa de que va a vender la casa y la va ingresar en la residencia. Ella entra en cólera y amenaza con hablar con el tío Junior, pero Tony ya no los teme, ni a su tío ni a su madre. Ha tomado la decisión y va a llevarla a cabo. Llama a su hermana para explicárselo y le pide que vaya a visitar a su madre al menos una vez a la semana. Él la llamará cada dos días y se asegurará de que nunca le falte nada.

Queda lo más difícil: Christopher. Sabe que no logrará convencerlo, así que decide hacerlo al modo mafioso: les pide a dos de sus secuaces, Pussy Bonpensiero y Silvio Dante, que lo metan en un vehículo y lo lleven al centro de desintoxicación que acaba de contratar.

Tony visita a la doctora Melfi y le agradece todo lo que ha hecho por él, ya que su ansiedad ha desaparecido y su hermana Winona lo ha ayudado a tomar decisiones financieras que lo han acercado a sus objetivos vitales. Abraza a la doctora todavía con la duda de si realmente ella y Winona son la misma persona.

La primera temporada de esta versión de los Soprano acaba con Tony, Carmela, Meadow y Anthony Jr. subiendo al avión que los llevará a Roma para luego tomar un tren hacia su nueva vida en Nápoles.

He querido que el último capítulo de este libro fuera sobre la planificación financiera porque considero que puede ayudarnos a tomar conciencia de nuestras decisiones financieras. Muchas veces tomamos decisiones que afectan a nuestra vida y a nuestro futuro sin ser conscientes de ello o sin ni siquiera habernos parado a reflexionar un momento. Vuelvo al ejemplo del piso: que todo el mundo esté comprando un piso no quiere decir que eso sea lo mejor para mí. Endeudarme para comprarme un coche que va a pasar el mayor tiempo de su vida aparcado a lo mejor es menos interesante que pagar un alquiler por horas cuando lo necesite. Ahorrar para hacer un viaje dentro de, por ejemplo, cinco años puede parecer absurdo, pero a mí me lo puede parecer más el pedir un préstamo para hacer el viaje la semana que viene y seguir pagándolo dentro de cinco años. Si tengo previsto estudiar un idioma en el extranjero, por qué no empiezo a pensar cuánto me va a costar y qué puedo hacer para poder pagarlo sin tener que recurrir al endeudamiento.

En los capítulos anteriores hemos aprendido un poco lo que es invertir, lo que es la diversificación, el riesgo, las finanzas socialmente responsables o la importancia de tener un presupuesto. Todo eso debe ayudarnos a tener unas finanzas más saludables, pero si no nos conocemos a nosotros mismos si no sabemos lo que realmente queremos ni lo que implica tomar una u otra decisión, no nos servirá de mucho.

Las personas con ingresos más elevados tendrán más opciones en el momento de crear estrategias, pero aunque tengamos ingresos limitados, es bueno hacer el ejercicio y ver qué objetivos podemos plantearnos y cuáles podremos conseguir.

La próxima vez que vayas a tu banco y te ofrezcan un producto plantéate, antes de contratarlo, si esa decisión te acerca o te aleja de lo que realmente quieres. Pregunta a tu entidad financiera si lo que te están ofreciendo tiene en cuenta cuándo vas a necesitar el dinero, cuánto vas a necesitar y cuál es el destino de la inversión; igual tienes suerte y das con un gestor que te acompañe en tus decisiones y que, como Winona Melfi a Tony Soprano, te ayude a que aquello que desees esté un poco más cerca.

Conclusiones

Con estas dieciséis historias he intentado explicar de forma simple lo que para mí son los conceptos básicos de las finanzas personales, partiendo de estas historias y a modo de epílogo, te lo resumo a continuación en forma de consejos:

1. Haz como Clark Kent:
   a) Guarda tus *tickets* y haz un presupuesto.
   b) Pon el ahorro como un gasto fijo.
   c) Págate a ti primero, es decir, aquello que quieras ahorrar traspásalo el día que cobras la nómina.
   d) Ten el hábito de ahorrar las pagas extras, y si tienes la suerte de que te suban el sueldo, ahorra también la subida.

2. No permitas que te pase como al abuelo de *Up*:
   a) Construye desde hoy mismo, si todavía no lo tienes, tu fondo de emergencia.
   b) Consérvalo en una cuenta en disponible, aunque eso suponga menos rentabilidad.
   c) Ahorra para tus siguientes objetivos. Quizás ahora no te lo parezca, pero le estarás haciendo un gran favor a tu yo futuro.

3. Después del fondo de emergencia, valora si te compensa cubrir algunos imprevistos con seguros:
   a) Conoce los tipos de seguro y utiliza solo aquellos que necesites.
   b) Compara las coberturas y la prima antes de decidirte.
   c) Recuerda no sobreasegurar, no asegurar por un valor superior al bien asegurado, pues no te pagarán de más en caso de siniestro.
   d) Tampoco conviene infraasegurar; si sucede algo, te pagarán de menos.

4. Acuérdate de Homer Simpson:
   a) No te endeudes para darte un capricho, ya sea en forma de viaje, televisor o móvil nuevo.
   b) Siempre es mejor ahorrar que pagar una deuda.
   c) No permitas que las deudas te impidan cumplir tus objetivos personales.
   d) Si un día tienes que endeudarte, a cuanto menor plazo y menor TAE, mejor.

5. El interés compuesto es tu amigo:
   a) Haz como Leia: empieza a ahorrar cuanto antes para beneficiarte del interés compuesto, así, el ahorro generará ahorro.
   b) Haz como Luke: no dejes de ahorrar. Si se te incrementan los gastos o te disminuyen los ingresos, intenta seguir ahorrando, aunque sea una cantidad menor; es importante no perder el hábito.

6. Ahorra a largo plazo:
   a) Como si fueras un elfo que va a tener necesidades durante muchos años.
   b) Si crees que tu pensión peligra, pide decisiones políticas a largo plazo que la protejan.

7. Invierte según tu capacidad de asumir el riesgo:
   a) Si no vas a poder dormir, no te vayas con Clint Eastwood.
   b) Recuerda que en los contratos debe figurar el riesgo del producto, pide siempre toda la información.
   c) Si te ofrecen un interés más alto que el de referencia, recuerda que estarás corriendo un riesgo más elevado.

8. Haz como el teniente Dan:
   a) Invierte diversificando y a largo plazo.
   b) Los ETF son tus amigos para ello, pregunta por ellos.

9. Piensa en Bill Murray:
   a) Hoy es relativamente fácil invertir según tus valores.
   b) Infórmate para poder invertir en aquello que sea bueno para ti y ayude a construir un mundo mejor.

10. Mejora tu capacidad de ahorro y tu presupuesto con los ingresos pasivos:
    a) No hace falta ser Batman ni Iron Man, piensa en qué puedes dar valor a los demás y ponte a ello, ya sea en forma de libro, blog, vídeos o *podcast*.

11. Recuerda lo que nos enseñan las tres versiones de *King Kong*:
    a) Una buena inversión debe batir, como mínimo, la inflación; en caso contrario, tu dinero valdrá cada vez menos.
    b) Compara las rentabilidades de los distintos productos, a igual riesgo y plazo, invierte en el más rentable.

12. Acuérdate de los tulipanes:
    a) Huye de las burbujas.
    b) Cuando todo el mundo te diga que hay que invertir en algo que está subiendo, sospecha, y si ya has invertido, piensa en la posibilidad de salir.

13. En la bolsa no todo son lobos:
    a) Sirve para que las empresas puedan financiar sus proyectos.
    b) Las ayuda a no depender exclusivamente de la financiación bancaria.
    c) Te permite conseguir mayor rentabilidad que un depósito.
    d) Utiliza el sentido común y recuerda que sigue habiendo lobos hambrientos al acecho.

14. Robin Hood sería recaudador de impuestos:
    a) Recuerda que los impuestos directos gravan la renta o el patrimonio y son progresivos, es decir, el que más tiene más paga.

b) Los impuestos indirectos gravan el consumo y, como el IVA, se pagan independientemente de los ingresos o la riqueza de cada uno.
c) No defraudes al fisco; lo que a ti te toca pagar, si no lo pagas tú, lo sufrirán quienes menos tienen.

15. Recuerda cómo se gana la lotería:
   a) Ahorra lo que gastas en juego.
   b) A lo largo del tiempo, y gracias al interés compuesto, tendrás un premio al cabo de los años.

16. Haz como Tony Soprano:
   a) Averigua qué es lo que quieres hacer.
   b) Fíjate metas vitales y, a partir de aquí, sé fiel a ellas cada vez que tomes una decisión financiera.

Extra ball: pide siempre segundas opiniones a asesores financieros independientes y, a poder ser, certificados.

Agradecimientos

Una parte de este libro ha sido escrita en horas intempestivas: o muy tarde por las noches o por las mañanas mucho antes de que saliera el sol. Una buena parte durante las vacaciones de 2016 y 2017, renunciando al descanso o, mejor dicho, descansando de otra forma, ya fuera en la cocina de mi suegra en Lanusei o en el ordenador de mis padres en Alella.

Agradezco a todos los que han leído alguno de los capítulos del libro con espíritu crítico, ya que han permitido que fuera mejorando versión a versión.

Vinculados al Instituto de Estudios Financieros (IEF), su director general, Josep Soler, a quien también tengo que agradecer que aceptara prologar el libro y que apostase por él; a su bibliotecario y experto en series, Marc González, y a Luis Torras, del comité editorial del Observatorio de Divulgación Financiera del IEF, por creer en el potencial del libro y por presentarme a los amigos de Plataforma Editorial, quienes han hecho posible que puedas estar leyendo estas líneas, acompañando a este autor novato en todo el proceso con mucha paciencia y profesionalidad.

Del equipo de inbestMe, a su CEO, Jordi Mercader; a su responsable de *marketing*, Mercè Mestre, y a su responsable de contenidos, Josep Milà. La primera vez que mezclé personajes de película y finanzas fue en un *post* para el blog de inbestMe en el que utilicé a Luke y Leia para hablar del interés compuesto.

A mis amigos y compañeros de rol, algunos de los cuales me han animado a mejorar los contenidos y otros, sin saberlo, me han inspirado distintos ejemplos; gracias a Jordi Andújar, a Álex de Santiago, a Àlex Moré, a Ramon Gassó, a Xavier Calvo, a Leo Pérez, a Quique Fortuny y a Roger Olivella.

Agradezco también a Zetatesters, por su *podcast* y por sus seguidores, de los que tanto aprendo en su chat de Telegram, y los Zetatesters me llevan a mi familia, pues fue mi hermano Carlos el que me los presentó.

Gracias a mis padres, mis suegros, mis hermanos y mis cuñados, que siempre ayudan y están presentes cuando se los necesita, han corregido un montón de errores del primer borrador.

Gracias al equipo de 1077, que me hizo crecer personal y profesionalmente desde el ejemplo, la entrega, la profesionalidad y el compromiso con el equipo.

Gracias al Instituto de Estudios Financieros por permitirme dedicar esta etapa de mi vida a la educación financiera, donde he tenido la oportunidad de aprender cada día de grandes profesionales, en especial gracias al equipo de educación financiera por hacer que las cosas pasen y por estar siempre dispuestos a mejorar y crecer profesionalmente. Es un lujo trabajar con ellos.

Por último, gracias de nuevo a mis chicas de noviembre, a las que he dedicado el libro. A Clàudia por acompañarme en esta y el resto de aventuras, por darme ideas y por leer pacientemente cada vez que finalizaba un capítulo. A Valentina y Eulàlia por recordarme cada día lo importante que es tener curiosidad.